弘一大師

李叔同

解經

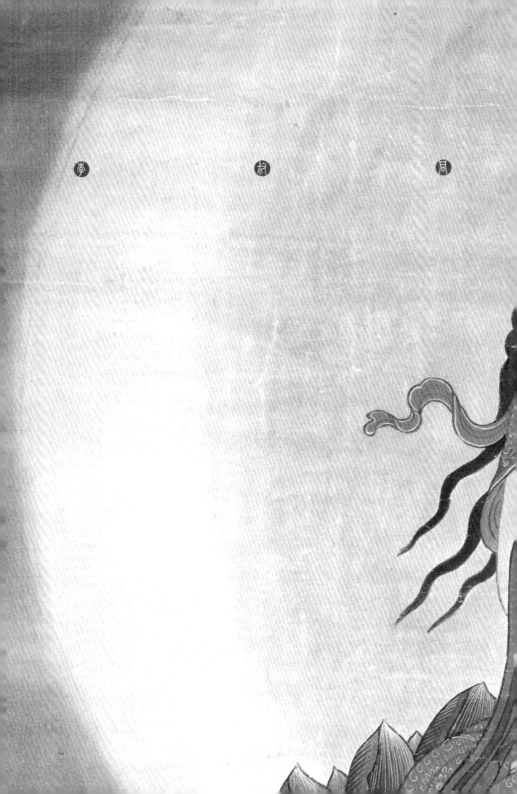

目錄

代序一

我的老師李叔同

豐子愷

　　弘一法師由翩翩公子一變而為留學生，又變而為教師，而為道人，四變而為和尚。每做一種人，都十分像樣。好比全能的優伶：起老生像個老生，起小生像個小生，起大面又很像個大面……都是「認真」的原故，說明了李先生人格上的第一特點。

　　李先生人格上的第二特點是「多才多藝」。西洋文藝批評家評價德國的歌劇大家華格納有這樣的話：阿波羅（文藝之神）右手持文才，左手持樂才，分贈給世間的文學家和音樂家。華格納卻兼得了他兩手的贈物。意思是說，華格納能作曲，又能作歌，所以做了歌劇大家。拿這句話評價我們的李先生，實在還不夠用。李先生不但能作曲，能作歌，又能作畫、作文、吟詩、填詞、寫字、治金石、演劇，他對於藝術，差不多全般皆能。而且每種都很出色。專門一種的藝術家大都不及他，向他學習。作曲和作歌，讀者可在開明書店出版的《中文名歌五十曲》中窺見。這集子中載著李先生的作品不少，每曲都膾炙人口。他的油畫，大部分寄存在北平（北京）美專，現在大概還在北平。寫實風而兼印象派筆調，每幅都很穩健、精到，為我國油畫界難得的佳作。他的詩詞文章，載在從前出版的《南社文集》中，典雅秀麗，不亞於蘇曼殊。他的字，功夫尤深，早年學黃山谷，中年專研北碑，得力於《張猛龍碑》尤多。晚年寫佛經，脫胎換骨，自成一家，輕描淡寫，毫無煙火氣。他的金石，同字一樣秀美。出家前，他的友人把他所刻的印章集合起來，藏在西湖上西泠印社的石壁的洞裡。洞口用水泥封好，題著「息翁印藏」四字（現在也許已被日本人偷去）。他的演劇是中國話劇的鼻祖。總之，在藝術上，他是無所不精的一個作家。藝術之外，他又曾研究理學（陽明、程、朱之學，

芳草白雲留永住
清風明月與心存

弘一大師生西二十周年紀念敬贈

觀世音菩薩法聖像百尊圓滿心餘墨書聯為

廣洽法師・禪室補壁藉留紀念

壬寅首秋隽唐備啟坐智亮句　豐子愷

△豐子愷手書對聯

他都做過功夫。後來由此轉入道教，又轉入佛教的），研究外國文……李先生多才多藝，一通百通。所以，他雖然只教我音樂圖畫，他所擅長的卻不止這兩種。換言之，他的教授圖畫音樂，有許多其他修養作背景，所以我們不得不崇敬他。借夏丏尊先生的話來講：他做教師，有人格作背景，好比佛菩薩的有「後光」。所以，他從不威脅學生，而學生見他自生畏敬。從不嚴責學生，而學生自會用功。他是實行人格感化的一位大教育家。我敢說：自有學校以來，自有教師以來，未有盛於李先生者也。

年輕的讀者，看到這裡，也許要發生這樣的疑念：李先生為什麼不做教育家，不做藝術家，而做和尚呢？

是的，我曾聽到許多人發這樣的疑問。他們的意思，大概以為做和尚是迷信的、消極的、暴棄的，可惜得很！倘不做和尚，他可在這僧臘二十四年中教育不少的人才，創作不少的作品，這才有功於世呢。

李叔同解經

這話，近看是對的，遠看卻不對。用低淺的眼光，從世俗習慣上看，辦教育，製作品，實實在在的事業，當然比做和尚有功於世。遠看，用高遠的眼光，從人生根本上看，宗教的崇高偉大，遠在教育之上，但在這裡須加重要聲明：一般所謂佛教，千百年來早已歪曲化而失卻真正佛教的本意。一般佛寺裡的和尚，其實是另一種奇怪的人，與真正佛教毫無關係。因此世人對佛教的誤解，越弄越深。和尚大都以念經念佛做道場為營業。居士大都想拿信佛來換得世間名利恭敬，甚或來生福報。還有一班戀愛失敗、經濟破產、作惡犯罪的人，走投無路，遁入空門，以佛門為避難所。於是乎，未曾認明佛教真相的人就排斥佛教，指為消極、迷信，而非打倒不可。歪曲的佛教應該打倒；但真正的佛教，崇高偉大，勝於一切——讀者只要窮究自身的意義，便可相信這話。譬如：為什麼入學校？為了欲得教養。為什麼欲得教養？為了要做事業。為什麼要做事業？為了滿足你的人生欲望。再問下去，為什麼要滿足你的人生欲望？你想了一想，一時找不到根據，而難於答覆。你再想一想，就會感到疑惑與虛空。你三想的時候，也許會感到苦悶與悲哀。這時候，你就要請教「哲學」，和他的老兄「宗教」。這時候，你才相信真正的佛教高於一切。所以，李先生的放棄教育與藝術而修佛法，好比出於幽谷，遷於喬木，不是可惜的，正是可慶的。

代序二

以出世的精神，做入世的事業：
紀念弘一法師

朱光潛

　　弘一法師是我國當代我所最景仰的一位高士。一九三二年，我在浙江上虞白馬湖春暉中學當教員時，有一次，弘一法師曾遊到白馬湖訪問在春暉中學裡的一些他的好友，如經子淵、夏丏尊和豐子愷。我是豐子愷的好友，因而和弘一法師有一面之緣。他的清風亮節使我一見傾心，但不敢向他說一句話。他的佛法和文藝方面的造詣，我大半從子愷那裡知道的。子愷轉送給我不少的弘一法師練字的墨跡，其中有一幅是《大方廣佛華嚴經》中的一段偈文，後來，我任教北京大學時，蕭齋斗室裡懸掛的就是法師書寫的這段偈文，一方面表示我對法師的景仰，同時也作為我的座右銘。時過境遷，這些紀念品都蕩然無存了。

　　我在北平大學任教時，校長是李麟玉，常有往來，我才知道弘一法師在家時名叫李叔同，就是李校長的叔父。李氏本是河北望族，祖輩曾在清朝做過大官。從此，我才知道弘一法師原是名門子弟，結合到我見過的弘一法師在日本留學時代的一些化裝演劇的照片和聽到過的樂曲和歌唱的錄音，都有年少翩翩的風度，我才想到弘一法師少年時有一度是紅塵中人，後來出家是看破紅塵的。

　　弘一法師是一九四二年在福建逝世的，一位泉州朋友曾來信告訴我，弘一法師逝世時神智很清楚，提筆在片紙上寫「悲欣交集」四個字便轉入涅槃了。我因此想到紅塵中人看破紅塵而達到「悲欣交集」即功德圓滿，是弘一

李叔同解經

△弘一法師圓寂前絕筆手書

法師生平的三部曲。我也因此看到弘一法師雖是看破紅塵，卻絕對不是悲觀厭世。

　　我自己在少年時代曾提出「以出世精神做入世事業」作為自己的人生理想，這個理想的形成當然不止一個原因，弘一法師寫的《華嚴經》對我也是一種啟發。佛終生說法，都是為救濟眾生，他正是以出世精神做入世事業的。入世事業在分工制下可以有多種，弘一法師從文化思想這個根本上著眼。他持律那樣謹嚴，一生清風亮節會永遠廉頑立懦，為民族精神文化樹立了豐碑。

般若波羅蜜多心經

最為簡煉，義理最為豐富，集大乘小乘佛法思想菁華的經典

弘一法師◎解

[唐]三藏法師玄奘◎譯

說解《心經》

（戊寅三月講於溫陵大開元寺）

　　自今日始，講三日，先說此次講經之方法。《心經》雖僅二百餘字，攝全部佛法。講非數日、一二月，至少需一年。今講三日，豈能盡？僅說簡略大意，及用通俗的淺顯講法。（無深文奧義，不釋名相，一解大科。）

◎ 效 果

一、令粗解法者及未學法者，皆稍得利益。

二、又對常人（已信佛法）僅謂《心經》為空者，加以糾正。

三、又對常人（未信佛法）謂佛法為消極者，加以辨正。

先經題，後經文。

◎ 經 題

般若波羅蜜多心經

前七字為別題，後一字為總題。

「般若」，梵語也，譯為「智慧」。

> **行痴注** 般若，在漢語中本沒有對應的解釋，為梵語Prajna的音譯。玄奘法師譯經時，以尊重故不翻。為便於理解，有時也將般若譯為「智慧」，但般若之智慧非夾雜煩惱，不足於認清宇宙人生，

李叔同解經

般若之智慧是無限、圓滿，通達宇宙人生真相，能解脫人生所有煩惱。

　　「般若波羅蜜多心經」，梵文Prajnaparamitahrdayasutra。略稱《般若心經》或《心經》。全經只有一卷，二百六十字。屬於《大品般若經》中六百卷中的一節。為般若經類的提要。曾有過七種漢譯本。較為有名的是後秦鳩摩羅什所譯的《摩訶般若波羅蜜大明咒經》和本文中唐朝玄奘所譯的《般若波羅蜜多心經》。以下簡稱《心經》。

△弘一法師繪羅漢圖

　常人之小智小慧
　學者之俗智俗慧　　非
　二乘之空智空慧
照見五蘊皆空，能除一切苦，真實不虛之大智大慧。

　小智慧　（小聰明、小巧）　亦云有智慧，與佛法相遠。
　俗智慧　研學問，上等人甚好，亦云有智慧，但與佛法無涉。
　空智慧　小乘人。

「波羅蜜多」，譯為「到彼岸」。（就一事之圓滿成功言。）

行痴注　「波羅蜜多」　梵文為Paramita，又譯為「度」。「度」是度過一切生老病死的煩惱。到「彼岸」，這裡的「彼岸」非指西方極樂世界，而是我們現實存在的人世。在無明的世間，我們有生死的苦惱和痛苦、空虛的狀態，即為「此岸」，如果我們有了「般若」認識了宇宙人生的真相，就會真正幸福、安寧。這就叫做「彼岸」。正是「般若」才能把我們從「此岸」渡到「彼岸」。凡任何修習佛法的人，按照經往的講法，只要依法受持，就可以度脫生死苦惱，到達涅槃彼岸。　一般認為，修習「般若波羅蜜多」法門屬於六種「到彼岸」的法門之一。）

△弘一法師繪羅漢圖

若以渡河為喻：

　　　動身處……………此岸
　　　欲到處……………彼岸
　　　以舟渡河竟………到彼岸

約法言之：

　　　此岸………輪迴生死　　須依般若舟，
　　　　↓　　　　　↓　　　乃能渡到彼岸，
　　　彼岸………圓滿佛果　　而離苦得樂。

　　「心」，有數釋。一釋「心」乃比喻之辭，即是般若波羅蜜多之心。（心為一身之必要，此經為般若之精要。）

> 行痴注　《心經》的「心」，意為「核心」、「綱要」、「精華」；言下之意是說，此經集合了六百卷般若大經的「精要」而成。

　　引證 { 《大般若經》云：「餘經猶如枝葉，般若猶如樹根。」
　　　　　　又云：「不學般若波羅蜜多，證得無上正等菩提，無有是處。」
　　　　　　又云：「般若波羅蜜多能生諸佛，是諸佛母。」

　　案《般若部》，於佛法中甚為重要。佛說法四十九年，說般若者二十二年。而所說《大般若經》六百卷，亦為《藏經》中最大之部。《心經》雖二百餘字，能包六百卷《大般若》義，毫無遺漏，故曰「心」也。

　　「經」，梵語「修多羅」，此翻「契經」。「契」為契理契機。「經」謂貫穿攝化。

　　「經」者，織物之直線也。與橫線之「緯」對。

　　此外尚有種種解釋。

　　此經有數譯（七譯）。今常誦者，為唐三藏法師玄奘所譯。

　　已略釋經題竟。

行痴注 玄奘為唐代僧人，俗姓陳名褘，河南洛陽偃師人，幼年家貧，十三歲出家，十五歲已因聰慧而聞名，二十一歲受具足戒，此前已經博通經論。唐太宗貞觀三年（六二九）長安因發生饑荒，朝廷許百姓出城就食，他就趁機潛往西域。傳說到罽賓國時道路更為險惡，虎豹橫行，他只得在一洞內打坐，天快亮時，見一老僧，頭面瘡痍，身被膿血，盤腳靜坐。玄奘上前施禮求問，老僧即授之以此《般若波羅蜜多心經》一卷，說一旦朗誦則山川平易，虎豹不能為害，鬼魅不能作祟，於是玄奘繼續往西前行，最終到達中印度的摩揭陀國王舍城，在當時東方最負盛名的那爛陀寺廣學佛教經論，成為了中外稱譽的「大乘天」。玄奘回國時，帶回了大小乘經律論共五百多帙，六百餘部。其中便有這部《般若波羅蜜多心經》。他晚年住持長安宏福寺，主要從事譯經。六十五歲時寂化，葬於白鹿原。

上述老僧授經傳說，亦在明朝小說家吳承恩所著《西遊記》中第十九回有所敘述，看來，小說中的玄奘法師之所以在取經途中能逢凶化吉、大難不死，亦非都是悟空之功，《心經》的法力往往被諸多小說看官忽略了。

△弘一法師繪羅漢圖

於講正文之前，應先注意者：

研習《心經》者，最應注意不可著空見。因常人聞說空義，誤以為著空之見。此乃大誤，且極危險。經云：「寧起有見如須彌山，不起空見如芥子許。」因起有見者，著有而修善業，猶報在人天。若著空見者，撥無因果，則直趣泥犁。故斷不可著空見也。

若再進而言之，空見既不可著，有見亦非盡善。應㈠不著有，㈡亦不著空，乃為宜也。

㈠若著有者，執人我皆實有。既分人我，則有彼此。不能大公無私，不能有無我之偉大精神，故不可著有。須忘人我，乃能成就利生之大事業。

㈡若著空，如前所說撥無因果且不談。即二乘人僅得空慧而著偏空者，亦不能作利生事業也。

故佛經云 $\left\{\begin{array}{l}\text{真空（非偏空，偏空不真）}\\[1em]\text{妙有（非實有，實有不妙）}\end{array}\right\}$ 常人以為空有相反，
今乃相合。

「真空」者，即有之空，雖不妨假說有人我，但不執著其相。

「妙有」者，即空之有，雖不執著其相，亦不妨假說有人我。

如是終日度生，實無所度。雖無所度，而又決非棄捨不為。若解此意，則常人所謂利益眾生者，能力薄弱、範圍小、時不久、不徹底。若欲能力不薄弱、範圍大者，須學佛法。瞭解真空妙有之理，精進修行，如此乃能完成利生之大事業也。

或疑《心經》少說有，多說空者。因常人多著於有，對症下藥，故多說空。雖說空，乃即有之空，是「真空」也。若見此「真空」，即「真空不空」。

所得故菩薩埵依般若波羅蜜多故心無
罣礙無罣礙故無有恐怖遠離顛倒夢想究
竟涅槃三世諸佛依般若波羅蜜多故得阿
耨多羅三藐三菩提故知般若波羅蜜多是
大神咒是大明咒是無上咒是無等等咒能
除一切苦真實不虛故說般若波羅蜜多咒
即說咒曰　揭帝揭帝　波羅揭帝　菩提薩婆訶
般若波羅蜜多心經　貞觀九年十月旦率更令歐陽詢書

△歐陽詢書《般若波羅蜜多心經》

因有此「空」，將來作利生事業乃成十分圓滿。

合前，㈢非消極者，是積極，當可了然。世人之積極，不過積極於暫時，佛法乃永久。

般若法門具有「空」與「不空」二義：「以無所得故」以前之經文，皆從般若之「空」一方面說。依此空義，於常人所執著之妄見，打破消滅一掃而空，使破壞至於徹底。「菩提薩埵」以下，是從般若「不空」方面說，復依此不空義，而熾然上求佛法，下化眾生，以完成其圓滿之建設。

亦猶世間行事，先將不良之習慣等一一推翻，然後良好建設乃得實現也。世有謂佛法唯是消極者，皆由不知佛法之全系統，及其精神所在，故有此誤解也。

今講正文，講時分科。今唯略舉大科，不細分。

般若波羅蜜多心經
觀自在菩薩行深般若波羅蜜多時照見五
蘊皆空度一切苦厄舍利子色不異空空不
異色色即是空空即是色受想行識亦復如
是舍利子是諸法空相不生不滅不垢不淨
不增不減是故空中無色無受想行識無眼
耳鼻舌身意無色聲香味觸法無眼界乃至
無意識界無無明亦無無明盡乃至無老死
亦無老死盡無苦集滅道無智亦無得以無

◎ 大科

《心經》大科 { 初、顯了般若 { 初、經家敘引
　　　　　　　　　　　　　　　　　二、正說般若
　　　　　　　　二、秘密般若

◎ 由序

再就說法之由序言，此譯本不詳。按宋施護譯本，先云：世尊在靈鷲山中，入三摩提（三昧，譯言「正定」等）。舍利子白觀自在菩薩言：「若有欲修學甚深般若法門者，當云何修學？」而觀自在菩薩遂說此經云云。

◎ 正文

觀自在菩薩

觀自在
（即觀世音）
{ 約智 { 觀理事無礙之境，而了達自在。……自利之妙用 } 智悲雙運，
　約悲 { 觀一切眾生之機，而化度自在。……利他之妙用 } 自利利他，故得「觀自在」之名。

「菩薩」，「菩提薩埵」之省文，是梵語。

{ 菩提——覺……以智上求佛法
　薩埵——有情（即眾生）……以悲下化眾生 } 故稱「菩提薩埵」

此外有多釋。

行痴注　「觀」作「觀照」、「審視」、「審察」等解。此處並非指用眼作觀察，而是以心去「審視」，以心去調動眼、耳、鼻、舌、身、意六根，取其妙用。「自」，作「自己」講；「在」，即「存在」。「菩薩」是bodhisattva的音譯。意為「覺有情」、「道眾生」，漢譯又作「開士」、「大士」等。觀自在菩薩，合起來說，就是能觀照自心，不為世間或出世間的萬物所動，心中常能住寂，又能慧天憫人，以大覺有情為己任，自己已經得到解脫無礙，並

△弘一法師繪羅漢圖

能使他人也得解脫無礙自在。觀自在菩薩，又稱作「觀世音菩薩」，梵文則為Avalokiteshvara。

行深般若波羅蜜多時

深 {
淺…人空般若——二乘人入。（人空者，人體為五蘊之假和合，其中無有真實之我體。）

深…法空般若——菩薩入。（法空者，五蘊亦空，如後所明。）
}

行痴注「行」，此處作「功行」解；「深」，則釋為有極深的修行功夫，已達到甚深境界。

照見五蘊皆空

「五蘊」，即舊譯之「五陰」也。世間萬法無盡。欲研高深哲理及正當人生觀，應先於萬法有整個之認識，有統一之概念。佛法既含有高深之哲理及正當人生觀，應知亦爾。

△弘一法師繪羅漢圖

行痴注「照」，光明所到，照耀。五蘊：即色蘊、受蘊、想蘊、行蘊、識蘊。蘊，是集聚義。佛家稱一切物質為「色」，因我們對物質的第一認識習慣從形狀和顏色上得來。形狀又稱為「形色」。顏色又稱為「顯色」。「色蘊」聚集了過去色、現在色、未來色、粗色、細色等，是為色的總和。受：有領納之義，即領納感受種種境界。想：是取像義，在我們接觸順境或逆境時，必然會攝取事物的影像，然後給它定義名稱。行：是對事物進行判斷並訴諸行動。識：是在緣起假有的過程中積累了經驗，形成了知識。「受」「想」「行」「識」四蘊是屬於精神現象。

「照見五蘊皆空」 意為：因修習了般若法門，功夫深久，生出了妙智妙慧，於黑暗中也有光明照耀，因則能夠洞見一切諸法均為不實在，均為虛假。

此五蘊，即佛教用以總括世間萬法者。故僅研五蘊，與研究一切萬法無異。「蘊」者，蘊藏積聚也。「五蘊」亦稱為「五法聚」，亦即「五類」之義。乃將一切精神、物質之法，歸納於此五類中也。

行痴注 五蘊，是佛家對世間一切生滅現象的簡單歸納和說明。它代表著「有」的一切，世間對「有」的一切，不能正確認識，比如在有情生命體上執有實在的我相，在六塵境界中執有實在的法相，又對我法生起種種顛倒分別及執著，於是造成了人類的煩惱及痛苦。

五蘊

色蘊…障礙義　即一切相障有礙之處境　　　　　　　　　　　　
　　　　　　　與「物質」之義相似而較廣　　　　　　} 境處

受蘊…領納義　即對於外境或苦或樂及不苦不樂等之感受。
　　　　　　　此與今時人所慣用之「感情」一詞（即是隨
　　　　　　　官感印象而生之官感感情）甚合，若作了別
　　　　　　　解之「感覺」釋之則非，因了別乃屬識蘊也。

想蘊…取像義　即取著感受之印象而思想。　　　　　　　　} 內心

行蘊…造作義　即對外境之動作。

識蘊…了別義　即了別外境、變出外境之本體。

由外境色………而感著種種受　　輪轉　　　　　　　色
由種種受………而引起種種想　　生死　　　　↗　　　↘
由種種想………而發起種種行　　　　　　　　識　　　受
由種種行………而熏習內心之識　循環　　　　↑　　　↓
由內心之識……而變成外境之色　不絕　　　行　←　想

　　「空」，此空之真理及境界，須行深般若時，乃能親見實證。今且就可能之範圍略說。

　　五蘊中最難瞭解其為空者，即色蘊。因有物質，有阻礙，似非空也。凡夫迷之，認為實有，起諸分別。其實乃空。且舉二義：

李叔同解經

(一)無常　若色真實不虛者，應常恆不變，但外境之色蘊，乃息息變動。山河大地因有滄海桑田之感。即我自身，今年去年，今月上月，今日昨日，所謂「我」者亦不相同。即我鼻中出入息，此一息我，非前一息我。後一息我，非此一息我。因於此一息中，我身已起無數變化。最顯者，我全身之血，因此一呼吸遂變其性質成分、位置及工作也。若進言之，匪唯一息有此變化，即剎那剎那中亦悉爾也。既常常變化，故知是空。

(二)所見不同　若色真實不空者，應何時何人，所見悉同。但我等外境之色蘊，乃依時依人而異。

$$
\text{如恆河水}
\begin{cases}
\text{魚龍認為窟宅} \\
\text{天眾認為琉璃} \\
\text{人間認為波流} \\
\text{餓鬼認為猛焰}
\end{cases}
\text{皆依其識，而所見不同。}
$$

故外境之色，唯是我識妄認，非有真實。

有如喜時，覺天地皆春。憂時，覺景物愁慘。於同一境中，一喜一憂，所見各異。

既所見不同，故知是空。

上略舉二義，未能詳盡。

> **星雲注**　常人理解的「有」為實在的「有」，而世間的一切生滅現象其實並非實有，而是空幻的。空，是破除我們對「有」的錯誤執著，倘能照見五蘊皆空，人類自然能夠度脫一切煩惱痛苦。

既知色空，其他無物質無阻礙之受、想、行、識，謂為是空，可無疑矣。「照見」者，非肉眼所見，明見也。

度一切苦厄

「苦」，生死苦果。

行痴注 佛教中把苦分為苦苦、壞苦、行苦三類。

苦苦：是我們在日常生活中感受到的痛苦。由生理上引起的痛苦，譬如生老病死；由社會環境引起的愛別離苦，譬如聚散分別；由事與願違引起的痛苦，比如不順心、願望落空；由恩怨是非引起的痛苦，譬如爭執、結仇。

壞苦：是指我們通常快樂的感受。以佛家的觀點看，芸芸眾生所謂的快樂其實不是真正的快樂，其實質依然還是痛苦的。譬如，我們吃飯的時候，一時間解決了饑餓之苦，感到了快樂。以為吃飯是一種快樂，但若是一直吃下去，將此種「快樂」進行下去，最終必然又會覺得吃不消，從而感到痛苦。諸如此類，世間一切因欲望而得到的快樂，不過是滿足了心理的暫時平衡而已，都不能持續長久，終歸會變成痛苦。因此，佛家稱之為「壞苦」。

常人理解的「有」為實在的「有」，而世間的一切生滅現象其實並非實有，而是空幻的。空，是破除我們對「有」的錯誤執著，倘能照見五蘊皆空，人類自然能夠

△弘一法師繪羅漢圖

般若波羅蜜多心經

康熙歲次壬午十月

菩提薩婆訶

波羅僧揭諦

波羅揭諦

揭諦揭諦

羅蜜多咒即說咒曰

真實不虛故說般若波

無等等咒能除一切苦

是大明咒是無上咒是

若波羅蜜多是大神咒

羅三藐三菩提故知般

波羅蜜多故得阿耨多

涅槃三世諸佛依般若

怖遠離顛倒夢想究竟

罣礙無罣礙故無有恐

△康熙手書《般若波羅蜜多心經》

度脫一切煩惱痛苦。

行苦：行，變化遷移義。世事無常，此種無常正為宇宙人生之規律。但世人多數理解不了這種無常的規律，總是妄圖追求永恆和永遠：譬如，生命之壽比南山；情感為海枯石爛，皆是對於永恆的嚮往。殊不知，世事無常，本無永恆存在。而美好的事物總是曇花一現，轉瞬即逝。我們願望和嚮往與變化遷移的事實相悖，因而產生了「行苦」。

「厄」，煩惱苦因。能厄縛眾生。

此二皆由五蘊不空而起。由妄認五蘊不空，即生貪、瞋、癡等煩惱。由有煩惱，即種苦因。由種苦因，即有苦果。

「度」，若照見五蘊皆空，自能解脫一切苦厄。解脫者，超出也。

舍利子

以上為結經家敘引，以下乃正說般若。皆觀自在菩薩所說，故先呼舍利子名。

般若波羅蜜多心經

觀自在菩薩行深般若波羅蜜多時照見五蘊皆空度一切苦厄舍利子色不異空空不異色色即是空空即是色受想行識亦復如是舍利子是諸法空相不生不滅不垢不淨不增不減是故空中無色無受想行識無眼耳鼻舌身意無色聲香味觸法無眼界乃至無意識界無無明亦無無明盡乃至無老死亦無老死盡無苦集滅道無智亦無得以

舍利子是佛之大弟子。「舍利」，此云百舌鳥。其母辯才聰利，以此鳥為名。舍利子又依母為名，故名「舍利子」。以上皆依《法華玄贊》釋。

行癡注 舍利弗，梵文Sariputra，是佛陀的首座弟子，因其持戒多聞，敏捷智慧，善解佛法，被稱為「智慧第一」，佛陀最信任的就是他。他的名字意譯為：鶖子或秋露子，梵漢並譯為舍利子，舊譯為「身子」，或係以Sari（舍利鳥）誤作Sarira（身體）之故，梵文Putra（弗）意為子息。其母為摩揭陀國王舍城婆羅門論師之女，出生時以眼似舍利鳥，乃命名為舍利；故舍利弗之名，即謂「舍利之子」。又名優波底沙，梵文Upatisya，或稱為優波提舍、優波提須，即從父而得之名稱。

另，佛教聖物也名舍利子，分為兩類：一為法身舍利，即佛祖所說的佛教經典，二為生身舍利，即佛祖火化後留下的固體物。後者又可分三類，一是骨舍利，白色；二是肉舍利，紅色；三是髮舍利，黑色，均圓明皎潔，堅固不碎，迥非世界珠寶可比。菩薩、羅漢也有舍利。生身舍利具有很大加持力。有人誤以為詠頌《心經》可以得到這種聖物，其實《心經》中的舍利子指人而非物。

△弘一法師繪羅漢圖

色不異空，空不異色。
色即是空，空即是色。

即前云「五蘊皆空」之真理，以「五蘊」與「空」對觀，顯明空義。

能知「色不異空」，無聲色貨利可貪，無五欲塵勞可戀，即出凡夫境界。能知「空不異色」，不入二乘涅槃，而化度眾生，即出二乘境界。如是乃菩薩之行也。

故應於「不異」與「即是」二義詳研，不得僅觀「空」之一邊，乃善學般若者也。

不異——粗淺色與空互較不異。仍是二事。

即是——深密色與空相即。空依色，色依空，非空外色，非色外空。乃是一事。

李叔同 鮮 經

△弘一法師繪羅漢圖

行痴注 「色」，就是一切有形有相的有質礙的實體，一切物質形態。什麼是「空」？就是無形無相的虛空。我們所見到的山河、大地、房舍車馬，這所有一切的實體都是「色」。而「色」存在於何處呢？「色」存在於「空」裡。而空也存在於「色」裡邊。所以說「色不異空」、「空不異色」，這空和色本是一體，沒有兩樣。「空」與「色」，在表面上看是兩個，但實際上本來是一個。往杯子裡面倒杯水，水立刻佔據了杯中的「空」，水一倒掉，杯子裡立即「空了」。那麼當水存在於杯中的時候，還有沒有「空」呢？當然有。「空」不過是合於水了，也就是合於「色」了。反之，因有「空」的存在，杯中才能有水的體現。「空」正是「色」存在的根本。「色即是空，空即是色」，意思是：空與色本來就是不分為二的。

受想行識，亦復如是。

{ 受想行識不異空，空不異受想行識。
{ 受想行識即是空，空即是受想行識。

依上所云「不異」、「即是」二者觀之。五蘊乃根本空，徹底空。

又由此應知前云之空 {
　斷滅空
　偏空
　離有之空　　　　　} 非
　與有對立之空
　即有即空
　不空而空之空　　　} 是
　離空有二邊之空

舍利子，是諸法空相

「諸法」，前言「五蘊」，此言「諸法」，無有異也。

「空相」，此「相」字宜注意，上段說諸法空性，此處說諸法空相。所謂「空」者，非是「但空」，是諸法之「有」上所顯之「空」，是離空、有二邊之「空」。最宜注意。

「是諸法空相」，諸法指一切法。空相不是指空，更不是有，乃是空所顯的真實相。空相也可以稱為有相，有所顯的實相叫有相。實相可以通過空來顯，或依有來顯。但實相的本身卻是非空非有的。

不生不滅，不垢不淨，不增不減。

世間諸法，由凡夫觀之
（五蘊不空）有

$$\left\{\begin{array}{l} 出生 \\ 消滅 \end{array}\right\} 體$$

$$\left\{\begin{array}{l} 垢染 \\ 清淨 \end{array}\right\} 相$$

$$\left\{\begin{array}{l} 增加 \\ 減少 \end{array}\right\} 用$$

菩薩依般若之妙用，既照見五蘊皆空，則無生滅諸相。故云「不生」等也。

五蘊不空→執著我見→起分別心→生滅等相。

五蘊空→不執著我見→不起分別心→諸法空相、不生不滅等。

由此可知生死即涅槃，煩惱即菩提，眾生即佛，而不厭離生死，怖畏煩惱，捨棄眾生。乃能證不生等境界。如此乃是菩薩，乃是般若，乃是自在。

生與滅，是現實的問題。有人認為「生」，這裡要理解為發生、發展。都是人為規劃的。還有人認為，世間一切的事物的發生和發展的變化，是緣於偶然。偶然地誕生生命，偶然地發生海嘯……這兩種觀點將「生」與「滅」看成是無關聯的獨立現象。以佛法的觀點來看，世間本不存在依據自身規律發展和無因緣而發展的事物。正所謂：「諸法因緣生，諸法因緣滅」。一切事物的發生、發展結果是有原因導致的。而導致的「結果」並未在事物發展中停滯、結束。因為這個「結果」本身又是下一個「因緣」，會促成新的結果。這一循環，無窮無盡。萬事萬物，雖有因有果，有生有滅，但因即是果，果既是因，生既是滅，

李叔同解經

滅既是生。沒有自生自滅，也不存在無因果的生滅。

　　所謂垢淨，都是因人的好惡而生出的評判概念。對於，我們喜歡的，稱之為「淨」，我們討厭的，稱之為「垢」。在每個人的世界裡，看到的諸多美醜善惡，喜歡與不喜歡的，便構成了無數的「淨」與「垢」，並以為這是客觀存在的。事實上，「淨」與「垢」都是人為賦予，因人而異。譬如，有人喜食辣椒，有人厭惡辣椒；有人以瘦為美，有人以瘦為醜。世間上的垢淨總是隨人而異的，因為人們的觀念認識不同，此以為垢，彼以為淨。美與醜、好與壞、有價值與無價值也都是如此。客觀世界中並無絕對的垢，也無絕對的淨。因此，垢即不垢，淨即不淨，垢淨的實質是不垢也不淨。

　　「不增不減」義指事物的數量。通常由少到多為「增」，由多到少為「減」。某人薪資上漲，就是增加收入，薪資下調，就是收入減少。其實，「增」與「減」本無固定之義。譬如，大海潮起潮落，伸出局部的觀者以為潮起之時，海水為增，而潮落之時，海水為減。但以整個大海而言，海水依然是那些海水，又何曾增減呢？佛法所講的增減，亦不離因緣。增因緣增而增，減因緣減而減，無緣便無談增減。既然是隨緣而成，則客觀上沒有孤立不變的增減，那麼，所謂增減只是一種假相。增減其實就是不增不減。

△弘一法師繪羅漢圖

是故空中無色，無受想行識。無眼耳鼻舌身意，無色聲香味觸法。無眼界，乃至無意識界。

以下廣說 ⎰ (一)空凡夫法（經文：「是故空中無色，乃至無意識界。」）
五蘊皆空 ⎱ (二)空二乘法（經文：「無無明，乃至無苦集滅道。」）
之　　義 　 (三)空大乘法（經文：「無智亦無得，以無所得故。」）

分為三段：

五蘊——如上所明，為迷心重者說五蘊。

十二處：
六根、六塵名十二處。
亦云十二入，入者根塵
互相涉入之義。為迷色
重者說十二處。

眼處
耳處
鼻處
舌處
身處
意處
色處
聲處
香處
味處
觸處
法處

十八界：
界者區分為義。十八種
作用不同故。為色心俱
迷者說十八界。

六根界
眼界
耳界
鼻界
舌界
身界
意界

六塵界
色界
聲界
香界
味界
觸界
法界

六識界
眼識界
耳識界
鼻識界
舌識界
身識界
意識界

李叔同解經

雖分三科，皆總括一切法而說。因學者根器不同，而開合有異耳。

蘊、處、界三科經文
{
是故空中無色，無受想行識。
無眼耳鼻舌身意，無色聲香味觸法。
無眼界，乃至無意識界。
}

行痴注

△弘一法師繪羅漢圖

「色」、「受」、「想」、「行」、「識」是五蘊，上已提及。「眼」、「耳」、「鼻」、「舌」、「身」、「意」為「六根」，「色」、「聲」、「香」、「味」、「觸」、「法」是「六塵」，合稱「十二處」。「六根」、「六塵」以及「六識」（即眼識、耳識、鼻識、舌識、身識、意識），合稱為「十八界」。「蘊」「處」「界」在佛教中稱為「三科」，是對宇宙人生一切現象所作的三種不同形式的歸納。就是說可以從五蘊看世間，也可以從十二處、十八界看世間。

「無色、無受想行識、無眼耳鼻舌身意、無色聲香味觸法、無眼界乃至意識界」。是說對世間現象我們都要認識到它是無的、是空的。經中所說的「無」，非指一無所有，應對照上文的「色不異空」「空不異色」的理解方式去理解。譬如，「無眼耳鼻舌身意」，便是：眼不異空，空不異眼，眼即是空，空即是眼。耳鼻舌身意，色聲香味觸法亦復如是。

無無明，亦無無明盡。乃至無老死，亦無老死盡。無苦集滅道。

此乃空二乘法，上四句約緣覺言，下一句約聲聞言。

緣覺者，常觀十二因緣而悟道。

聲聞者（聞佛聲教），觀四諦而悟道。

十二因緣

無明 行	過去所作之因
識 名色 六入 觸 受	現在所受之果
愛 取 有	現在所作之因
生 老死	未來所受之果

知心無罣礙……

怖遠離顛倒夢想究竟涅槃

三世諸佛依般若波羅蜜多故

得阿耨多羅三藐三菩提故知

般若波羅蜜多是大神呪是大

明呪是無上呪是無等等呪能除一

切苦真實不虛故說般若波羅

蜜多呪即說呪曰

揭諦揭諦

波羅揭諦 波羅僧揭諦

波羅僧揭諦 菩提薩婆訶

般若波羅蜜多心經

第子趙孟頫奉為

本師中峰和尚書

△趙孟頫手書《般若波羅蜜多心經》

此十二因緣，乃說人生之生死苦果之起源及次序。藉流轉、還滅二門以顯示世間及出世間法。流轉者，「無明」乃至「老死」之世間法。還滅者，「無明盡」乃至「老死盡」之出世間法。

若行般若者，世間法空，故經云：「無無明」，「乃至無老死。」出世間法亦空，故經云：「無無明盡」，「乃至無老死盡。」

四諦（諦者真也）
$$\begin{cases} 苦諦 \quad 生死報……世間苦果 \\ 集諦 \quad 煩惱業……世間苦因 \\ 滅諦 \quad 涅槃果……出世間樂果 \\ 道諦 \quad 菩提道……出世間樂因 \end{cases}$$

亦分二門，前二流轉，後二還滅。若行般若者，世間及出世間法皆空，故經云：「無苦集滅道。」

般若波羅蜜多心經　觀自在菩薩行深般若波羅蜜多時照見五蘊皆空度一切苦厄舍利子色不異空空不異色色即是空空即是色受想行識亦復如是舍利子是諸法空相不生不滅不垢不淨不增不減是故空中無色無受想行識無眼耳鼻舌身意無色聲香味觸法無眼界乃至無意識界無無明亦無無明盡乃至無老死亦無老死盡無

△弘一法師繪羅漢圖

「**行痴注**」「無明」指癡暗的意思。「無無明亦無無明盡，乃至無老死亦無老盡。」意為：不存在「無明」，也不存在「無明的消失」；沒有「老死」，也就沒有「老死的消失」。在世人的眼裡因為存在實實在在的「無命」才有了「無明的滅除」；因為存在老死的現象，才有了「因老死而帶來的滅除」。而菩薩境界觀照無明乃至老死都是無自性空，無明乃至老死的存在只不過是一種假相，《金剛經》有云：「一切有為法，如夢幻泡影，如露亦如電，應作如是觀。」因此菩薩不滅除生死，也不必厭離生死，在生死中通達生死了不可得。在生死中超越生死。「苦集滅道」，指四諦道理，也稱四諦法門。

無智亦無得，以無所得故。

此乃空大乘法。

大乘菩薩求種種智，以期證得佛果。故超出聲聞、緣覺之境界。

但所謂「智」，所謂「得」，皆不應執著。所謂「智」者，用以破迷。迷時說有智，悟時即不待言，故云「無智」。所謂「得」者，乃對未得而言。既得之後，便知此事本來具足，在凡不減，在聖不增，亦無所謂得，故云「無得」。

「以無所得故」一句，證其空之所以。

以上經文中，「無」字甚多，亦應與前「空」字解釋相同。乃即有之無，非尋常有無之無也。若常人觀之，以為無所得，則實有一無所得在，即有一無所得可得，非真無所得也。若真無所得，或亦即是有所得。觀下文所云佛與菩薩所得可知。

「菩提薩埵，乃至三藐三菩提。」

「菩提薩埵」等，說菩薩乘依般若而得之益。

「三世諸佛」等，說佛乘依般若而得之益。

李叔同解經

行癡注 佛家講「不執」即為:「不執著」,世人因對「有」與「無」的本質認識不足,因此執著於人生,希望有所「得」。譬如,執著於地位,執著於財富,執著於名望,執著於理論,執著於事業,執著於關係,執著於情感,執著於信仰,執著於技能……因此,人生充滿了佔有的欲望,一旦我們所有擁有的,有所失去,煩惱就會從心而生,會有不捨之感。

「智」作「般若」解。亦即智慧、能知的妙智。「得」為所證的佛果或者所求的境界。「無智亦無得,以無所得故」是說既然認識到世間現象對我們來說是無的、是空的,就該放棄對境界的各種執著,甚至放棄對於「不執」之意得執著。不對與空相對的「有」生起實在的執著,是無得;此時妄心自然息滅不起,是無智。在妄心、妄境、妄執息滅的情形下,此時還能

△弘一法師繪羅漢圖 保持的清淨心、平常心便是般若的功用。

菩提薩埵,依般若波羅蜜多故,心無掛礙。無掛礙故,無有恐怖,遠離顛倒夢想,究竟涅槃。

「菩提薩埵」,即「菩薩」之具文。

行癡注 「菩提薩埵,依般若波羅蜜多故,心無掛礙」:菩提薩埵是菩薩的全稱。梵語菩薩,唐譯「覺有情」,具有覺悟有情、或令他有情覺悟的意思。又「覺有情」,是相對有情說的。有情,以情愛為中心,對世間的一切都想佔有它、主宰它,想使與自我有關的一切,從屬於我,要在我所擁有的無限擴大中,實現自我的自由,不知我所關涉的愈多,自我所受的牽制愈甚。覺者則不然,以般若觀照人生,無我,無我所,超越了世間的名利,因而心無牽掛。

「掛礙」的「掛」即牽掛,「礙」即妨礙。意謂由於物欲牽掛妨礙,所以不得自在。「恐怖」,即驚恐怖畏的意思,心中驚

慌，當然不得安樂。

「無掛礙故，無有恐怖」：有了情感便會執著和牽掛，害怕失去當下所擁有的一切，從而千方百計地要保護自己所用的，為此，耗盡心機，終日生活在擔心和恐怖之中。而有覺悟的人看破世間的榮辱得失、是非曲直，放棄執著，無所牽掛，自然也有沒有了恐懼和擔憂，即使面對死亡，亦能如視「來去」一般自在。

「顛倒」，不平順，不安定；「夢想」，不符合真實的妄想、錯亂之想；「究竟」，達到至極地位。

「遠離顛倒夢想，究竟涅槃」：顛倒夢想，是錯誤的想法，是不現實的想法，佛家稱為「妄想」。世人都生於妄想中。欲望為妄想的動力，執著為妄想的助緣。欲望推動了妄想的產生，又因執著而不斷增強，執著有多深，妄想就有多大。執著於權力的人，有對於權力的妄想；執著於科學的人，有對於科學的妄想；執著於宗教信仰的人，有對於宗教信仰的妄想，執著於政治的人，有對於政治的妄想。總之，世人的世界也是「妄想的世界」。「妄想的世界」是為自己意識構造的世界，因之，世人無法正確地認識宇宙人生的真實。以妄想之心去認識世界，所看到的自然是妄境，一如「隔紗觀月」，自然無法透徹真實。正因「妄想」讓人疲於奔命、勞苦憂患，滋生種種的煩惱，我們才要「遠離顛倒夢想」。

△弘一法師繪羅漢圖

「究竟涅槃」：梵語涅槃，梵文名Nirvana，意譯作滅、寂滅、滅度，也譯為「圓寂」。滅是滅除對擁有的執著，滅除煩惱，滅除牽掛，滅除恐怖，滅除顛倒妄想，超越生死，證得涅槃。涅槃是宇宙人生真實相。

李叔同 心經

三世諸佛，依般若波羅蜜多故，得阿耨多羅三藐三菩提。

「阿耨多羅」者，無上也。

「三藐三菩提」者，正等正覺也。

行痴注「三世諸佛」。三世是過去世、現在世、未來世。諸佛，諸，是眾多義。現在我們熟悉的有釋迦牟尼佛、阿彌陀佛等，但已經成就的佛陀遠不只這些。大乘經論中，說有恆河沙數諸佛。可知過去已經出現過眾多的佛陀，現在十方世界中，同時也有許多佛陀正在說法，未來世還會出現無數的佛陀。因此，其他經論又有十方諸佛的說法。「依」，作「依靠」講；大菩薩是能

△弘一法師繪羅漢圖

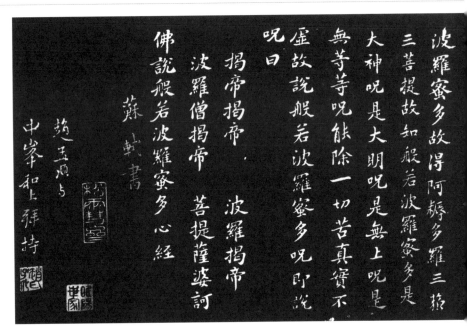

△蘇軾手書《般若波羅蜜多心經》

李叔同解經

依之人，般若波羅蜜是所依之法，其解脫智慧從所依持的修行法門中生出。

「三世諸佛，依般若波羅蜜多故，得阿耨多羅三藐三菩提。」意為三世十方諸佛都是依般若成佛的。

故知般若波羅蜜多，是大神咒，是大明咒，是無上咒，是無等等咒，能除一切苦，真實不虛。

「咒」者，秘密不可思議，功能殊勝。此經是經，而今又稱為咒者，極言其神效之速也。

般若波羅蜜多故心無罣礙無
無得以無所得故菩提薩埵依
無老死盡無苦集滅道無智亦
明亦無明盡乃至無老死亦
法無眼界乃至無意識界無無
眼耳鼻舌身意無色聲香味觸
是故空中無色無受想行識無
不生不滅不垢不淨不增不減
亦復如是舍利子是諸法空相
色即是空空即是色受想行識
厄舍利子色不異空空不異色
多時照見五蘊皆空度一切苦
觀自在菩薩行深般若波羅蜜

「是大神咒」者，稱其能破煩惱，神妙難測。

「是大明咒」者，稱其能破無明，照滅癡闇。

「是無上咒」者，稱其令因行滿，至理無加。

「是無等等咒」者，稱其令果德圓，妙覺無等。

「真實不虛」者，約般若體。

「能除一切苦」者，約般若用。

△弘一法師繪羅漢圖

行痴注 咒，是不能以語言說明的特殊靈力之秘密語。通常又稱神咒、禁咒、密咒、真言，乃祈願時所唱的秘密章句，具有令怨敵遭受災禍，或為自身求福、消災等功效。《心經》中將般若法門比喻為咒語。大神咒：般若法門神力無比，能夠消除人生煩惱；大明咒：般若是大智慧光明，能破除人世間的愚癡黑暗；是無上咒：般若法門在佛教的一切修學法門中是最殊勝的；是無等等咒：是說任何法門都不能與般若法門等量齊觀。

故說般若波羅蜜多咒。即說咒曰：揭諦揭諦，波羅揭諦，波羅僧揭諦，菩提薩婆訶。

以上說顯了般若竟，此說秘密般若。

般若之妙義妙用，前已說竟。尚有難於言說思想者，故續說之。

咒文依例不釋。但當誦持，自獲利益。

李叔同解經

行痴注 「揭諦」是去義;「波羅」是到彼岸義;「僧」是眾義;「菩提」是覺義;「薩婆訶」是速疾成就義。此句有最終勸慰之義,以現代語言表述為:去吧!去吧!普度自我及他人都到彼岸去吧,願速速成就至高無上的覺悟。

　　歲次戊寅二月十八日寫訖。依前人撰述略錄。未及詳審,所有誤處,俟後改正。演音記。

　　　　　　　　　（一九三八年三月十九日撰錄,四月講於泉州大開元寺）

三會彌勒尊佛會

金剛般若波羅蜜經

——超越一切宗教性，包含一些宗教性的大般若智慧

太虛法師◎解

[姚秦]三藏法師鳩摩羅什◎譯

《金剛般若波羅蜜經》講錄

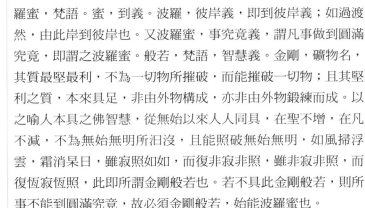

太虛主講　　十三年五月在武昌佛教會

　　今講此經，先講經題，次講經文。經題為「金剛般若波羅蜜經」八字。經，常法也，佛口所宣說之常法，皆謂之經。波羅蜜，梵語。蜜，到義。波羅，彼岸義，即到彼岸義；如過渡然，由此岸到彼岸也。又波羅蜜，事究竟義，謂凡事做到圓滿究竟，即謂之波羅蜜。般若，梵語，智慧義。金剛，礦物名，其質最堅最利，不為一切物所摧破，而能摧破一切物；且其堅利之質，本來具足，非由外物構成，亦非由外物鍛練而成。以之喻人本具之佛智慧，從無始以來人人同具，在聖不增，在凡不減，不為無始無明所汩沒，且能照破無始無明，如風掃浮雲，霜消杲日，雖寂照如如，而復非寂非照，雖非寂非照，而復恆寂恆照，此即所謂金剛般若也。若不具此金剛般若，則所事不能到圓滿究竟，故必須金剛般若，始能波羅蜜也。

　　今且就世間法言之，無論欲辦何事，無智慧本不能辦，無較優之智慧，雖辦亦不能辦到成就，此世人所共知共見者也。更從出世法念佛一門言之，倘念佛之人，未經耆宿之開示了達念佛之真理，固不能念，即念亦不能有往生極樂之成功。何以故？不具金剛般若，必不能摧破邪道，護持正法也。昔有一念佛者，因其友數稱其名，其人聞之，曰：「汝何故念我名乎？」

△弘一法師繪羅漢圖

李叔同解經

友曰：「我念汝名才數百聲，汝即生嗔心，汝念彌陀佛日千百聲，焉知彌陀佛不生嗔心乎？」其人恐念佛褻佛，遂自此不念。又有一念佛之人，遇一禪師詰之曰：「念佛者是誰？」其人懵然，謂念佛無益，亦停止不念。蓋皆由不具金剛般若，一遇外緣即為所障仵也。更有人頗解佛說西方有佛，號阿彌陀，今現在說法，倘有人稱念其名，念至三五七日，一心不亂，臨命終時，即得往生彼處，故日夜念不輟。一日，有參禪師謂之曰：「父母未生以前是誰？死後誰往生？」其人心亂猶豫，將念佛功夫從此間斷，此無他，不具金剛般若，不能破他而為他所破也。倘能獲得金剛般若，心佛無二，念佛念心，是心是佛，並無能念之人，亦無所念之佛，念念無念，自他圓融，並無眾生亦無有佛，即是往生極樂世界，即是阿彌陀佛矣。尚何異說之足障乎！是即念佛之事，成辦到圓滿究竟也。

然此經所說到圓滿究竟，有特殊之義焉。此經為教化菩薩之大法，指示菩薩修行六度萬行，證得菩提涅槃之佛果，方可謂之圓滿究竟。二乘證得生空智果，我執雖去，法執猶存，不得謂之圓滿究竟也。須菩提本屬聲聞，不樂小法，回趣大乘，殷勤啟請無上妙法以資進修，故世尊於祇陀林，當一千二百五十大比丘眾，為說此經，俾各各了達此金剛般若，逕趣無上菩提及究竟涅槃。經中所云發菩提心，行六度萬行，而不住於相等之妙諦，即金剛般若之行相也，亦即趣證無上因果之妙法也。明夫此，則知所謂金剛般若波羅蜜矣。

此經為釋迦牟尼佛金口所宣說，為阿難尊者所結集，原本梵文，後入中國，經鳩摩羅什法師翻譯成中文。鳩摩羅什，梵音，華言童壽，即童年而有耆德之謂。又稱曰三藏法師，三藏者，經律論也。言能以經律論為師，亦能以經律論為他人之師。此經與《彌陀經》，譯本有多種，而此師所譯者明白曉暢，故最為流通焉。

○ 法會因由分第一

此經原無分數，後經梁昭明太子分為三十二分，雖分為三十二分，而文

與義本一氣連貫，不為分所割截，讀者會而通之可也。此第一分，曰法會因由，凡會聚眾弟子說法，曰法會。凡法會說法，必有發起之因由，如放光震動等類是。此會不然，則以持缽乞食、洗足、敷座、日用尋常之本地風光而為說法之因由焉。若依三分判經：此分完全為序分，序有二：一通，二別。自「如是我聞」至「千二百五十人俱」，為通序；自「爾時」至「敷座而坐」，為別序。

如是我聞。

自下明通序。通序有六事，「如是」者，第一，明所聞之法。如，決定義。是，即指此經，決定所聞之法即此經也。此二字總括全經宗旨，明夫全經宗旨，即明諸法實相，即明金剛般若，即明究竟無上菩提，故云「如是」。「我聞」者，第二，明能聞之人。我者，阿難自稱。聞，耳聞，謂我親從佛邊聞，非傳聞也。夫我本四大、五陰和合運續之假相，耳為五根外門之假形，識無有時，聞亦無有，何以謂之我聞耶？隨世俗故，說我聞無咎。若依勝義，則是因緣聞，是不聞聞，是聞無所聞；故說者無說無示，聞者無聞無得也。

一時，

此第三，明說經之時。一，數量義。時，即時間。即遙指釋迦牟尼佛在舍衛國祇洹精舍，於有數量之時間說此經也。

佛在舍衛國祇樹給孤獨園。

佛者，第四，明說經之主。佛，梵語，具言佛陀，華言覺者，自覺、覺他、覺行圓滿義，即由金剛般若到究竟圓滿，妙莊嚴海，富有萬德之稱。在者，住義，行住坐臥悉可名住。

△弘一法師繪羅漢圖

李叔同解經

舍衛國祇樹給孤獨園者，第五，明說經之處。處有二：㈠通，㈡別。舍衛國即通處，祇樹給孤獨園即別處也。舍衛國在中天竺國，佛受須達長者之請，故居於此。祇樹給孤獨園，即祇洹精舍也。時舍衛國主波斯匿王有一大臣，名曰須達，家富好施，人咸稱之曰給孤獨。因擇地起舍請世尊說法，化導眾生，適覓得王太子祇陀之園，園在國城外，其地平正，樹木鬱茂，最為適宜。太子謂之曰：卿若以黃金佈滿其地，侯當相與。須達如其言，以金密佈，僅餘少地。太子曰：前言戲耳，返其金即施以園。須達不可，國人亦以太子無戲言反難。太子不得已，曰：止，勿更出金，園屬卿，樹屬我，可乎？須達從之。舍成，遂以二人之名連合樹園名之。

與大比丘眾，千二百五十人俱。

此第六，明同聞眾也。比丘，梵語；華言乞士。有二義：㈠乞佛法以資心，㈡乞食物以資身。大者，比丘中具大德大名聞者也。眾者，僧也。僧非個人之名，四人以上謂之僧，彷彿一團體之謂。千二百五十人俱者，俱，共住義。千二百五十人，即共住大比丘眾之總數也。《過去現在因果經》云：耶舍長者子朋黨五十人，優樓頻螺迦葉師徒五百人，那提迦葉、伽耶迦葉師徒各二百五十人，舍利弗、目連師徒各一百人，共千二百五十人也。然法會聽眾本不可以數計，此眾先本外道，見佛在先，得度亦在先，因感佛之鴻恩——度其出離三界，解脫生死——故常隨行藉以報恩也。以上六事具足，義乃完成。其往蹟均彰彰可考，確非阿難之所杜撰也。

爾時，世尊食時，著衣、持缽入舍衛大城乞食，於其城中次第乞已。還至本處。飯食訖，收衣缽，洗足已。敷座而坐。

自下別序，分二章：㈠明行乞食事，㈡明敷座而坐事。此初。「爾時」者，即佛在舍衛國祇樹給孤獨園與大比丘眾千二百五十人俱之時。「世尊」者，世間無上最尊之稱，惟佛乃能當之。「食時」者，正為乞食之時，亦居士營食成就之時。世間居士，食有定時，早則始營未就，晚則啖食已訖，均非乞食之時也。非乞食之時而行乞，不惟乞者無所得，而施者亦無有施，於自於他兩

兩惱亂；故世尊勝德內涵，宏福外施，雖一舉一動之微，無有不自他兩利者。「著衣」者，以衣附著於身，衣有上中下三品，平常起臥著下品，入眾法事著中品，入大聚落、進見國王則著上品。明整儀容，不同尋常乞丐乞食。舍衛大城，即舍衛國之都城，園在城外，故云入城乞食。已者，完畢也，猶云：乞食之事業已完畢。「次第乞」者，謂挨次順序而乞，不捨貧而從富，亦不捨富而從貧，正以顯示平第之道也。

此明乞食之後事。得食後，即還歸祇洹而食，不得隨得隨啖。訖，竟也。敷，設也，陳設座位，鎮攝儀容，然後淨心靜坐，入於三昧，而將說法焉。

夫佛、菩薩、羅漢，自行均已成辦，且位至羅漢，生存示滅已能自主，何必乞食為？蓋乞食者，實施遊行教化利導眾生也，實行成就眾生布施波羅

△韋馱菩薩（明）

李叔同解經

蜜而報眾生之恩也。故雖自行已辦,猶無日不為方便眾生之事也。未發心者令其發心,已發心者令其成熟,已成熟者令早得解脫,速證究竟圓滿金剛般若安住清淨法界。

乃復說此《金剛般若波羅蜜經》,以顯眾生本具金剛波羅般若之體,而申萬行無住金剛般若之用。已得金剛般若,則事事無礙,法法皆通,尋常日行是佛法,行住坐臥亦佛法,平常心尤莫非佛法。神通變化既佛法之無上妙用,即喜笑怒呵亦莫非佛法之方便善巧。若未顯得金剛般若,雖有移山倒海之神通,亦妖魔外道之邪術;雖有萬年之禪定,亦人天有漏之福果。業報一盡,仍不免五趣輪迴之苦。諸君宜仔細究!此金剛般若本人人具足,周遍法界,不在內、不在外、不在中間。復不離內外中間,不可思議,不可執著,久之功馴,自有頓契之一日。不然,向外馳求,以佛具變化、放光、震動等種種神通,遂執變化、放光、震動等種種神通然後為佛,不能簡別外道,則失之毫釐,差以千里矣!慎之慎之!

○ 善現啟請分第二

據流支十二分義,此分已入正宗分。依昭明所判,則此分屬序分。善現者,須菩提名。須菩提,梵語,華言善義,或言善吉,或言空生,因生時倉庫空虛,家人卜之,曰:既善且吉,故名。又須菩提恆樂空定,分別空義,為解空第一,故名空生。「啟請」者,以語言啟白世尊,請求說法也。

時長老須菩提,在大眾中,即從座起,偏袒右肩,右膝著地,合掌恭敬,而白佛言:

此明請法之儀。長老須菩提者,須菩提內秘菩薩行,外現聲聞相,位高德崇,故稱長老。將請說法,必先致敬以示尊重。於是當時在大比丘眾中,從座起立,偏袒露其右肩,以示堪任大法;右膝屈而著地,以示住真實地;合掌恭敬,以示屈曲伏從,無有違拒;然後以言說啟白世尊。表敬須具三業:㈠身、㈡語、㈢意。起立、袒肩、膝著地及合掌,身業敬也;而白佛言,語

業敬也；下問善男善女發心趣果之無上妙法，意業敬也。一舉一動，無非不可思議之軌則也。

「稀有，世尊！如來善護念諸菩薩，善付囑諸菩薩。」

此明讚世尊之德。世尊、如來，皆佛之通稱。「如」者，證得諸法實相如如不動之謂，「來」者，來三界垂化之謂，又如過去諸佛再來，故名如來。稀有，猶云罕有。謂世尊捨棄王位，出家修行，具足三德，化度眾生，世出世間甚為罕有也。「菩薩」者，梵語，具云菩提薩埵。菩提，覺義；薩埵，有情義，謂有情中之覺者。故凡發菩提心者，皆可謂之菩薩。「護念」者，護衛體念，令其內德成就。如母子然，母念則成，不念則壞；菩薩亦爾，佛護念則善根成就，不護念則善根損壞也。「付囑」者，付託囑咐，令其外德成就。如世間父母，以家業付託其子，囑咐成立。「善」者，善巧方便，謂世尊隨機施教，以菩薩堪任法寶，正宜護念、付囑，則即加被無上法寶，常當護念、付囑也。

「世尊！善男子、善女人，發阿耨多羅三藐三菩提心，云何應住？云何降伏其心？」

此明所問之事。阿，無義；耨多羅，上義；三，正義；藐，等義；菩提，覺義。阿耨多羅三藐三菩提，即無上正等正覺義。簡言之，即佛果，即果地覺。發菩提心，即因地心。凡夫因無明覆障不得名覺，外小非正覺，菩薩雖正覺而非無上正等，故無上正等正覺惟佛獨成就也。須菩提問世尊云：凡善根之男子，及善根之女人，未發菩提心者云何發菩提心？已發菩提心者，云何住菩提心？云何降伏其煩惱心，而免損害其菩提心？是即由因地心趣證果地覺之要道也。與法華經所謂，佛惟

△弘一法師繪羅漢圖

以一大事因緣出現於世，為開示眾生佛之知見，為令眾生悟入佛之知見同。

佛言：「善哉！善哉！須菩提！如汝所說：如來善護念諸菩薩，善付囑諸菩薩。」

此明歡美其請。以須菩提聲聞眾而能問菩薩事，故重言善哉善哉以歡美之曰：

如來對於菩薩善護念、付囑，誠如汝所云也。

「汝今諦聽，當為汝說，善男子、善女人，發阿耨多羅三藐三菩提心，應如是住，如是降伏其心。」「唯然！世尊！願樂欲聞。」

此明許答其問。諦者，審實義，汝今一心審實而聽，當為汝說。應如是住之如是，是指下第四分；如是降伏其心之如是，指下第三分。意謂善男子、善女人，若發菩提心，應如下說無所住而住，無所降伏而降伏，無須另起心而住，另起心以降伏也。如欲另起心以降伏其妄心及煩惱心，則是妄上加妄，不能降伏矣。昔二祖問達摩祖師安心之法，師曰：「將心來，為爾安。」二祖對曰：「覓心了不可得。」師曰：「吾與爾安心竟。」即此意也。「唯然」者，急速應諾，認可其言之是，願歡喜傾心而聞也。

○ 大乘正宗分第三

「乘」者，運載義，謂如車乘，載物運行，由此而達彼。「大」者，簡小義，以喻菩薩乘此般若大乘直趣佛果；簡非凡小所乘之乘，以趨生死或涅槃也。「正宗」者，真正宗主也，謂此分為大乘真正之宗主。然真正宗主，究竟不止此一分，不過此分為大乘正宗之綱領，故曰大乘正宗分云。

佛告須菩提：「諸菩薩摩訶薩，應如是降伏其心：所有一切眾生之類：若卵生、若胎生、若濕生、若化生，若有色、若無色，若有

想、若無想、若非有想非無想，我皆令入無餘涅槃而滅度之。」

此明發心。摩訶、大義。如是之是、指下所說。眾生分九類：(一)卵生，謂由卵體中產生者，如雞鴨等。(二)胎生，謂由胚胎產生者，如人類及牛羊等。(三)濕生，謂依濕氣而生者，如微生蟲等。(四)化生，謂變化而生，如孑孓化為蚊，腐草化為螢之類。(五)有色，謂欲界、色界中眾生之有色可見者。(六)無色，謂無色界眾生之無色可見者。(七)有想，謂除色界四禪天中之無想天眾生，其餘三界眾生皆是。(八)無想，謂色界中四禪天之無想眾生也。由欲界眾生，以種種苦惱皆由於想，遂修無想定得生無想天，自謂已證解脫而究非也，經五百劫，仍墮生死輪回。(九)非有想非無想，謂無色界中非非想處天之眾生也，此處眾生已無身體世界，同於虛空，惟有定無慧，經八萬劫，還落空亡。

佛時有一修此定者，耳聞鳥鳴魚躍，噪擾不堪，偶萌嗔念，云當食盡此魚鳥以除障礙。久之入定。佛成道後，即欲度之，因遲一日，已生非非想處，遂嘆息懸記，將來須墮為食魚鳥之狸，後報盡更墮入地獄。故三界為一大牢獄，世界為一大苦海，外道猶如陷阱，修行人不可不慎也。

涅槃者，圓寂義。無餘者，謂萬德俱圓，二障永滅，無有餘蘊也。滅度者，滅障度苦義。世尊告須菩提：諸菩薩中之大菩薩，降伏其心，必須發廣大心，見三界九類所有之眾生，沉淪苦海，輪迴生死，起悲潛心，皆令其圓滿寂靜，滅其障礙而度其出離也。

「如是滅度無量無數無邊眾生，實無眾生得滅度者，何以故？須菩提！若菩薩有我相、人相、眾生相、壽者相，即非菩薩。」

△弘一法師繪羅漢圖

此明降心。無量、無數、無邊，均極多義。我相者，謂人皆以四大五陰和合相續假相為我相。人相者，對我相言，如人類，我對之稱人，故名人相也。眾生相者，即我對人以及非人，所謂九類眾生差別之相也。壽者相者，謂生命永久相繼不斷之相也。又凡有情各具此四相。如既稱曰我，則有我相；而我具人格，則是人相；我屬生物，則是眾生相；我有生命存在，則是壽者相；餘可類推。菩薩既發廣大心，度三界九類無量無數無邊極多之眾生已，其心不著實有眾生得滅度者，則其心自無煩惱，自然降伏而不損害其菩提心矣。何以故？蓋菩薩度眾生，不著菩薩為能度之相，眾生為所度之相，當觀菩薩眾生之相，皆是四大五陰和合相續，皆是畢竟清淨，雖度而實無能度所度者。不然、若菩薩謂我能度人，則即著我相；我能度人度眾生，則即著人相、眾生相；有我、人、眾生恆時存在，則即著壽者相。總之、即是一著我相，則四相皆著。心既有著，則心即不能降，一切煩惱顛倒皆隨之而起，是不及聲聞果之猶證生空，烏足稱人法雙空之菩薩哉。

○ 妙行無住分第四

此分答住問。以修萬行而無所行，謂之妙行。以於法無所住而住，故謂之無住也。

「復次，須菩提！菩薩於法應無所住行於布施，所謂：不住色布施，不住聲、香、味、觸、法布施。須菩提！菩薩應如是布施，不住於相。何以故？若菩薩不住相布施，其福德不可思量。」

此明行菩薩行不住於相，即為住菩提心。布施分三種：㈠財施，㈡法施，㈢無畏施。布施為六度之首，攝六度盡。色、聲、香、味、觸、法，六塵也，舉六塵而六根、六識包括在內，攝一切法盡矣。謂菩薩行於三種布施，於施者、受者、財物，以及動靜語默、供養恭敬、因果報應種種法相，皆不執著，所謂無所住也，然行於布施。而於施者、受者、財物等相不住者，何以故？蓋不住相布施，則其所得福德多至不可思量也。若住相布施，則所得係人天有漏之福報，而可思可量矣。非所以住菩提心之道，亦即非所以顯得

金剛般若之道也。

「須菩提！於意云何？東方虛空可思量不？」「不也，世尊！」「須菩提！南、西、北方、四維、上下虛空可思量不？」「不也，世尊！」「須菩提，菩薩無住相布施福德，亦復如是不可思量。」

此以喻明福德多。四維者：東南、西南、東北、西北之四方也，合東、南、西、北、上、下六方，共為十方。十方虛空不可思量，本為須菩提所知。無住相布施之福德，亦復如十方虛空不可以思量計度也。

「須菩提！菩薩但應如所教住。」

此結上所云。上來不住相而行布施等之教，應依之而住也。

○ 如理實見分第五

「須菩提！於意云何？可以身相見如來不？」「不也，世尊！不可以身相得見如來。何以故？如來所說身相，即非身相。」

上云於法亦不住而行布施，云何得成佛身相耶？蓋如來法身雖非即相，亦非離相，必須如理方可實見，非可執著三十二相即是如來法身也。為證明須菩提已了此義，故世尊發問以占其能否如理實見。能，則具金剛般若，即身相可見如來法身；不能，則未具金剛般若，即不執身相亦不得見如來法身也。古來宗門，務令人自己瞭解。不然，僅逞口說，實無智慧，說食數寶，終無益也。蘇東坡讚佛云：「八風吹不動」，而為佛印一

△阿閦佛（明）

呵所動，可知其心未相應也。身相者，色身可見之相也，如世尊具三十二相、八十種好。須菩提示現聲聞，心已領悟如來、菩薩、眾生之相，皆是自心分別所緣影像，故一承佛問「可以身相見如來不」，即答曰：「不也」。蓋如來所說身相，即四大五陰和合相續之假相，即非身相也。

佛告須菩提：「凡所有相，皆是虛妄；若見諸相非相，則見如來。」

此明不僅身相即非身相，凡一切根身器界形形色色之相，莫非鏡花、水月之虛妄，無有實相可得也。若能如是瞭解諸相虛妄，即是瞭解諸法實相，即是無上智慧，即是金剛般若妙心，即是已見如來法身，不可泥拘住法行施而修成佛之色身也。

○ 正信稀有分第六

須菩提白佛言：「世尊！頗有眾生得聞如是言說章句，生實信不？」佛告須菩提：「莫做是說！如來滅後，後五百歲，有持戒修福者，於此章句能生信心，以此為實。當知是人不於一佛二佛三四五佛而種善根，已於無量千萬佛所種諸善根。聞是章句，乃至一念生淨信者，須菩提！如來悉知悉見，是諸眾生，得如是無量福德。」

此明信受人。上云雖修萬行，而不著能行人、所行法，此法甚為稀有，甚為難信，故須菩提啟白佛言：頗有眾生得親聞如上所說無上甚深妙法，能生實信不？佛告之云：汝勿疑現在親聞者無信受之人，即未來亦有起信受之人也。

後五百歲者，正法五百歲，像法五百歲，此即像法後五百歲也。像法之後，法垂衰弊，有出家之持戒者，在家之修福者，於此所說章句法門，皆能瞭解真實義諦，通達諸法

△弘一法師繪羅漢圖

實相，一心正信，以此行無所行、得無所得之法為真實不虛。當知此信受之人，非僅於一二少數佛而植善根，乃已於無數阿僧祇劫，無量千萬佛所深植善根矣。如六祖然，聞經一二句，即啟發其金剛種子，可知深種善根之人，雖多劫後能聞能信受；未植善根之人，即親聆金口宣說，亦不能如實瞭解也。

倘有聞是章句，剎那一念由清淨慧生清淨信者，此心一生，佛種成就牢不可破。故前祖師曰：能生一念淨信，即可成佛。且此經為諸佛之母，常為佛所守護。若淨信受持者，如來以智慧力，悉知其行菩提因，悉見其得菩提果，故是等淨信眾生所得福德無量也。

「何以故？是諸眾生，無復我相、人相、眾生相、壽者相，無法相，亦無非法相。何以故？是諸眾生，若心取相，即為著我、人、眾生、壽者；若取法相，即著我、人、眾生、壽者。何以故？若取非法相，即著我、人、眾生、壽者。是故，不應取法，不應取非法。以是義故，如來常說：汝等比丘！知我說法，如筏喻者，法尚應捨，何況非法？」

此明上信受義。法與非法，係對待名詞，如云法是正行，非法則非正行。法相是，則非法相即非。法是善法，則非法即非善法。法是無漏，則非法即是有漏。上云得如是無量福德，何以故？蓋是等了達眾生四大假合，本來空無，無有四相之可言。且復了達五陰之法亦如幻非實，法相無有，非法相亦不可得，其心湛然，無所執著，是諸眾生二空已明，空病亦去也。不然，若是等眾生心對於相，不達假合，即行取著，則是已著我相，著我相則人、眾生、壽者相即無不著矣。

復次，倘是等眾生不達萬法緣生，取著一種法相，則無論何法皆行取著，即起我、人、眾生、壽者見矣。

復次，若是等眾生，以法不可取而取非法，則與取法相一樣，是故善法正法，以及真如涅槃之法，亦不應取。對於非善法、非正法以及非真如、非涅槃之法愈不應起心執之也。倘兩無所取，而即著此兩無，亦是落於邊際。

取，取著義，即倚靠義，如鳥之倚巢，集止飛翔，均不能出三界九類之內，則無法相所礙而不能用法。昔六祖云：「法法皆通，法法皆備，而無一法可得，名最上乘。」念念都成妙慧，如是則能運用一切法矣。由此道理，故常說汝等比丘，當知我所說法，如筏喻者。筏，木柵，昔有人為賊所逐，取木柵渡河，達於彼岸，即便捨筏。喻意初則以法捨人，以空捨有；次則人法兩遣，空有雙淨，方是金剛般若到彼岸也。

○ 無得無說分第七

「須菩提！於意云何？如來得阿耨多羅三藐三菩提耶？如來有所說法耶？」須菩提言：「如我解佛所說義，無有定法名阿耨多羅三藐三菩提，亦無有定法如來可說。何以故？如來所說法，皆不可取、不可說，非法、非非法。所以者何？一切賢聖，皆以無為法而有差別。」

上云身相非身相，云何如來於樹下證得菩提、常說法度眾耶？世尊恐須菩提生此疑，故發問以占之，問云：「如來得無上正等正覺耶？如來有所說法耶？」須菩提已了悟菩提本人人具足，圓滿周遍，離言語相，離文字相，不可著，不可取，不可以名名，不可以凡心計度，尤不可執如來所說菩提即是菩提。故答佛言：如我解佛所說義，無有定法名阿耨多羅三藐三菩提，亦無有定法如來可說也。若謂如來有所說，則聽者有所取，有取則言語不斷，心行不滅，是虛妄想相，即墮有漏，不得謂之金剛般若妙行矣。故如來所說法，心行滅則不可取，言語斷則不可說。

且諸法實相，非有非無，非有故非法，非無故非非法，既離有離無，云何可說？云何可取？故說者無說無示，而聽者無

△弘一法師繪羅漢圖

李叔同解經

聞無得。其所以一切聖賢有差別者，非所修之無為法不同也，所修雖同而所悟不同，故有四果次第、十地階級之異，猶如三鳥出網，三獸渡河，而升空涉水各有高下深淺之別也。

○ 依法出生分第八

「須菩提！於意云何？若人滿三千大千世界七寶，以用布施，是人所得福德，寧為多不？」須菩提言：「甚多，世尊。」「何以故？是福德即非福德性，是故如來說福德多。若復有人，於此經中，受持乃至四句偈等，為他人說，其福勝彼。何以故？須菩提，一切諸佛及諸佛阿耨多羅三藐三菩提法，皆從此經出。須菩提！所謂佛、法者，即非佛、法。」

此明持經功德勝。三千大千世界者，一太陽系為一小世界，一千個小世界為一小千世界，一千個小千世界為一中千世界，一千個中千世界為一大千世界，合三千大千世界為娑婆世界。七寶者：金、銀、琉璃、硨磲、瑪瑙、琥珀、珊瑚也。偈者，四字或五字、七字一句，總四句為一偈；梵文又以三十二字為一偈。

佛言：若人以七寶滿三千大千世界之多而行布施，是財施也。此人所得福德，是為多不？須菩提言：甚多。蓋著相之福德，不過人天有漏之因，其多有限，是福德本無自性，圓滿成就，則為無漏，其實乃不可限量也。佛言：若復有人於此經中，自己領受行持任何四句偈等，而復為他人說，是法施也。以法施眾，拔眾生苦，令得涅槃樂，其福勝彼財施無福德性之福德。何以故？蓋十方三世諸佛及無上正等正覺妙法，皆從此經出。

此經章句微妙，其言說文字所詮真如妙理，包括教、理、行、果無餘，不特自己領受行持四句偈，可趣極果；即為他人說，他人亦能領受行持，由發菩提心行六度萬行，證得根本智、後得智而逐趣極果也。故此經為諸佛之母，諸佛之所自生，菩提之所自顯，其法絕對無上，其受持所得之福德，所

以勝彼也。但此絕對無上之法，無能所，絕對待，總不可說不可取。要知如來是假名，本無能說之人，佛法亦假法，復無所說之法，以言遣言，權名之為佛、法也。

○ 一相無相分第九

諸法一相，隨緣生起，不可取，不可說，故曰一相無相也。

「須菩提！於意云何？須陀洹能作是念：『我得須陀洹果』不？」須菩提言：「不也，世尊！何以故？須陀洹名為入流，而無所入。不入色、聲、香、味、觸、法，是名須陀洹。」「須菩提！於意云何？斯陀含能作是念：『我得斯陀含果』不？」須菩提言：「不也，世尊！何以故？斯陀含名一往來而實無往來，是名斯陀含。」「須菩提！於意云何？阿那含能作是念：『我得阿那含果』不？」須菩提言：「不也，世尊！何以故？阿那含名為不來，而實無不來，是故名阿那含。」「須菩提！於意云何？阿羅漢能作是念：『我得阿羅漢道』不？」須菩提言：「不也，世尊！何以故？實無有法名阿羅漢。世尊！若阿羅漢作是念：我得阿羅漢道，即為著我、人、眾生、壽者，世尊！佛說：我得無諍三昧，人中最為第一，是第一離欲阿羅漢。世尊！我不作是念『我是離欲阿羅漢』世尊！我若作是念：『我得阿羅漢道』，世尊則不說須菩提是樂阿蘭那行者。以須菩提實無所行，而名須菩提是樂阿蘭那行。」

此明四果亦得無所得。上云菩提得無所得，云何有四果可得耶？世尊為釋此疑而為此問。須陀洹，梵語，即聲聞第一果，華言入流、或預流。流，流類義，猶云預入聖人之流

△弘一法師繪羅漢圖

類也。斯陀含，梵語，即聲聞第二果，華言一往來，猶云一往天上，一來人間，始得漏盡也。阿那含，梵語，即聲聞第三果，華言不來，猶云不復來此欲界受生也。阿羅漢，梵語，即聲聞第四果，華言有三義：㈠無生，㈡殺賊，㈢應供是也。三昧，華言正定，無諍三昧為正定之最勝，煩惱與定障皆得遠離也。離欲者，離五塵之貪欲也。阿蘭那者，梵語，華言無喧雜，即優遊閒靜，不為塵累所拘也。

問須菩提云：得四果者，各能作我已得果念，究為得果不？須菩提心已了悟，依義酬答，無有疑礙，足見須菩提已無有四果可得之疑矣。故答云：須陀洹若作我得須陀洹果念，則即為未得須陀洹果，蓋須陀洹名為預入聖位，而實無能預入聖位之人，亦無所預入色、聲、香、味、觸、法之法，是名須陀洹也。斯陀含作我得斯陀含果念，則即為未得斯陀含果，蓋斯陀含名一往來天上人間，而實無往來天上人間者，亦無天上人間可往來，是名斯陀含也。阿那含作我得阿那含果念，則即為未得阿那含果，蓋阿那含名為不來欲界受生，而實無有受生欲界者，亦無欲界可受生，是名阿那含也。阿羅漢作我得阿羅漢道念，則即為未得阿羅漢道，阿羅漢名無生而實無有無生者，亦無有法名為無生。若阿羅漢起我得無生念，則為著我見，著我見即著人、眾生、壽者見，能所具在，四相宛然，何得謂之阿羅漢耶？如世尊說我得最勝正定，為人中第一，我即是第一離欲阿羅漢。又如我自己不作我是離欲阿羅漢念，則我即是離欲阿羅漢。我若作我得阿羅漢道念，世尊即不說我是樂寂靜行者矣；蓋須菩提實無所行，而名須菩提是樂寂靜行。

總之，諸法如如，行無所行，住無所住，而得亦無所得，即是如來所說佛法非佛法之無上妙法也。倘一起心動念，即落邊際範圍，不得謂之無住無得之無上妙法矣。

○ 莊嚴淨土分第十

佛告須菩提：「於意云何？如來昔在燃燈佛所，於法有所得不？」「世尊！如來在燃燈佛所，於法實無所得。」

此釋成上無說無得義。上云無說無得，云何佛昔在燃燈佛所，滿二阿僧祇劫修行時，燃燈佛與之授記曰：賢劫中當成佛耶？佛恐聽眾興疑，故問須菩提以釋之云：如來昔在燃燈佛所，於法有所得不？須菩提答云：不也，燃燈佛爾時所說，與如來爾時所聞，均係語言，無有自性。故燃燈佛雖說，而實無所與；而如來得記，亦無有受。無得無不得，乃名得授記，故曰得實無所得也。

「須菩提！於意云何？菩薩莊嚴佛土不？」「不也，世尊！何以故？莊嚴佛土者，即非莊嚴，是名莊嚴。」「是故須菩提！諸菩薩摩訶薩，應如是生清淨心，不應住色生心，不應住聲、香、味、觸、法生心，應無所住而生其心。」

此明莊嚴佛土不可取相。上文既明不可取，與他處所說菩薩莊嚴淨土之行，似有出入，世尊恐眾興疑，故問須菩提以釋之。土者，可依住義；淨土者，對娑婆世界等五趣眾生共同依住之穢土言，穢土是眾生有漏不清淨之業力所現起。淨土有數種名稱：㈠凡聖同居淨土，由修清淨行之眾生感得此清淨土，而與三乘聖賢共同依住。㈡方便有餘淨土，二乘所居。㈢實報莊嚴淨土，由無漏智所感得，此土無邊相好，無量莊嚴。㈣法性淨土，即以諸法實相為其淨土，又名常寂光土。

世尊問須菩提云：菩薩莊嚴佛土不？須菩提言：不也，何以故？蓋菩薩自行已辦，自性淨土本來清淨，何用莊嚴？然自行雖已成辦，化眾當實有其行，眾生是菩薩之佛土，化眾即為莊嚴其佛土，其形相雖示現莊嚴，而亦不宜取著其形相，故菩薩所謂莊嚴，即非莊嚴，是名莊嚴也。

世尊復告須菩提：諸大菩薩云何修莊嚴佛土行？當知佛土本來無德不備，無累不淨，應以如是無所得妙觀，無所住妙

△弘一法師繪羅漢圖

慧，生起清淨心，無取無著無妄分別為是，不應住六塵而生心。六塵為六識所緣境，取著六塵而生六識，有所思惟觀察，則心即不清淨。應於六根、六塵、六識皆無所住，則生無上金剛般若妙淨明心，而佛土莊嚴矣。

昔六祖聞五祖說至此處，即歎曰：「何期自性本自清淨，何期自性本不生滅，何期自性本自具足，何期自性本無動搖，何期自性能生萬法。」可謂言下大悟矣。

「須菩提！譬如有人身如須彌山王，於意云何？是身為大不？」須菩提言：「甚大，世尊！何以故？佛說非身，是名大身。」

此明後身不可取。須彌山王，此云妙高山，高十萬由旬，一由旬三十里或四十里，故佛以譬大法王身也。妙高山形勢高大，而不自取其高大以為高大，故須菩提云甚大。若自取其大相而住於大見，則雖大有限量，不得謂之大矣。法王身亦然，其身雖大而心不取著，不住人見，不取色身，故曰非身。非身而身，身而非身，故名為大身也。

○ 無為福德勝分第十一

「須菩提！如恆河中所有沙數，如是沙等恆河，於意云何？是諸恆河沙寧為多不？」須菩提言：「甚多，世尊！但諸恆河尚多無數，何況其沙！」「須菩提！我今實言告汝：若有善男子、善女人，以七寶滿爾所恆河沙數三千大千世界以用布施，得福多不？」須菩提言：「甚多，世尊！」佛告須菩提：「若善男子、善女人，於此經中乃至受持四句偈等，為他人說，而此福德勝前福德。」

此明說經功德勝。前持經功德，勝滿三千大千世界七寶布施功德；茲說經功德，勝滿無量無數無邊三千大千世界七寶布施福德。一恆河中沙，多至無數，復如是沙等之恆河中之沙，其多更不可數量，故須菩提言甚多。若善男子、善女人，滿爾所恆河沙數之三千大千世界七寶以用布施，其布施多可知，布施多則得福德必多，故須菩提言得福甚多。若善男子、善女人，於此經中，受持四句，為他人說者，其福德勝於前福德也。何以故？良以七寶布

施雖多，至於無數量，而終是有限量，若以此經四句自己受持，則自己見性成佛；為他人說，他人受持，則他人見性成佛，度盡無量無數無邊眾生，皆見性成佛，其福德如虛空不可限量，所以勝於前福德也。

○ 尊重正教分第十二

「復次，須菩提！隨說是經乃至四句偈等，當知此處，一切世間天、人、阿修羅，皆應供養，如佛塔廟，何況有人，盡能受持讀誦！須菩提！當知是人，成就最上第一稀有之法。若是經典所在之處，則為有佛，若尊重弟子。」

此明經勝。天人阿修羅等，即八部眾。㈠天眾，即欲界之六天，色界之四禪，無色界之四空也。㈡龍眾，為水屬之王。㈢夜叉，飛行空中之鬼神。㈣乾闥婆，華言香陰，陰者五陰之色身，唯嗅香而長養故名。㈤阿修羅，華言非天，其福報雖類天而非天德，故名非天。㈥迦樓羅，華言金翅鳥，攝龍為食。㈦緊那羅，華言非人，似人而頭上有角，故名非人。㈧摩睺羅伽，華言大蟒神，地龍也。

塔，具云塔婆，華言方墳，佛舍利所在處。廟，佛形像所在處。第一稀有之法，即金剛般若。尊重弟子，如文殊、舍利子等上首弟子。此經為十方三世諸佛之所自出，欲尊重佛，當尊重此經，故隨處說是經，或說是經中四句偈等，則此處即為一切世間天人及八部眾，皆如佛舍利及佛形像所在處之塔廟，而供養恭敬；若有人盡能受持讀誦此經者，此人亦為一切世間天人八部眾供養恭敬無疑。當知此人盡能受持讀誦此經，即是成就最上第一稀有之法，即是成就第一無上金剛般若之法，即是名為諸佛。若此經任在何處，即為佛在處，即為佛與佛上首之弟子在處也。故此經勝，而持此經之人亦勝也。

△弘一法師繪羅漢圖

△觀音菩薩（清）

○ 如法受持分第十三

爾時，須菩提白佛言：「世尊！當何名此經？我等云何奉持？」佛告須菩提：「是經名為《金剛般若波羅蜜》，以是名字，汝當奉持。所以者何？須菩提！佛說般若波羅蜜，即非般若波羅蜜，是名般若波羅蜜。」

此定經名與受持。前已明經勝，自當尊重受持，但不知此經名與云何奉持，故問世尊云：云何名此經？我等云何奉持？佛答：此經名金剛般若波羅蜜。金剛非譬而譬，般若非法而法，假名安立為金剛般若。以是名字奉持，心不可著奉持之人，亦不可著奉持之法，所以者何？金剛般若既是名字，無有自相，不可取，不可說，應眾生心方便而說此名耳。

「須菩提！於意云何？如來有所說法不？」須菩提白佛言：「世尊！如來無所說。」

上明假名無實，心行處滅，世尊恐諸菩薩猶落言詮，故問須菩提云：「如來有所說法不？」須菩提答云：真智離言，諸佛同證，縱有所說，亦諸佛為方便眾生，如證而說，離諸佛說即無所說，故云：「如來無所說」也。

「須菩提！於意云何？三千大千世界所有微塵，是為多不？」須菩提言：「甚多，世尊！」「須菩提！諸微塵，如來說非微塵，是名微塵；如來說世界，非世界，是名世界。」

世界為眾生依報，是假非實，而假復是空，亦不可得，了此空假即為中道。故告須菩提云：三千大千世界，本為微塵所積集，今以此等世界碎為微塵，是為多不？須菩提言：甚多。

△弘一法師繪羅漢圖

佛恐其著多相，復曉之曰：微塵空寂，無有實相。如來說微塵非微塵，強名之為微塵。微塵既空無所有，微塵所積集之世界，亦當然空無所有，如來說世界非世界，強名為世界。

「須菩提！於意云何？可以三十二相見如來不？」「不也，世尊！不可以三十二相得見如來。何以故？如來說三十二相，即是非相，是名三十二相。」

三十二相為佛正報，前既明所依之果報既空，而能依之正報亦無。凡夫不察，以三十二相為佛，執著馳求，失之遠矣！故藉問須菩提以釋之。問須菩提云：可以三十二相見如來不？須菩提言：三十二相為如來化導眾生之勝妙功能，若執為實，則是不了諸法實相，隨處遍計，永遠不得見如來矣。何以故？蓋如來所說三十二相，即是非相，即是諸法實相，不可思議，不可執取，強名之為三十二相耳。

「須菩提！若有善男子、善女人，以恆河沙等身命布施；若復有人，於此經中乃至受持四句偈等，為他人說，其福甚多。」

身命布施分三種：㈠身布施，以肉身施與眾生。㈡命布施，以生命施與眾生。㈢身、命俱布施，非了達金剛般若，不能行此苦行；若已了達，則自他不二，既無能施者，亦無受施者，更無所施之身命。自己即大地山河草木花葉，大地山河草木花葉即是自己；自己即是法王，大地山河草木花葉亦莫非法王。

且自己從無始生死以來，所受生命輪迴不息，已不知幾千萬億恆河沙數矣，此而不施，仍受輪迴，更不知有幾千萬億恆河沙數之身命沉淪苦海。況身命無常、苦、空、無我，一切不能自主，若貪著不施，業報盡而緣散，亦終不能存在。縱修仙道入無想天，壽同天地，劫盡還受輪迴，為牛、為馬、為鳥、為魚、為餓鬼、為地獄，受種種苦報。故佛告須菩提：布施身命之人，甚為難得。今有善男子、善女人捨身命布施，且捨恆河沙等身命布施，其福

德本多至算數所不能及，然猶不若於此經中，受持四句偈為他人說，自利利他之福德多也。其受持此經之福德為何如耶？

○ 離相寂滅分第十四

爾時，須菩提聞說是經，深解義趣，涕淚悲泣，而白佛言：「稀有世尊！佛說如是甚深經典，我從昔來，所得慧眼，未曾得聞如是之經。世尊！若復有人得聞是經，信心清淨，則生實相，當知是人，成就第一稀有功德。世尊！是實相者，則是非相，是故如來說名實相。世尊！我今得聞如是經典，信解受持，不足為難。若當來世，後五百歲，其有眾生得聞是經，信解受持，是人則為第一稀有。何以故？此人無我相、無人相、無眾生相、無壽者相。所以者何？我相即是非相；人相、眾生相、壽者相即是非相。何以故？離一切諸相，則名諸佛。」

△弘一法師繪羅漢圖

此明領悟。當時須菩提聞說此金剛般若，深解義蘊旨趣，追痛過去迷而不悟，涕淚橫流，不勝悲楚而白佛言：稀有世尊！佛所說甚深之金剛般若經典，我雖從昔來已得慧眼，了達眾生本來是空，但未曾得聞如是之經。若復有人得聞是經，信心清淨，即能瞭解生清淨心，正觀明澈實相顯現，當知此人已成就第一稀有功德。然此實相者，非離諸相外另有實相，即諸法本來如是之相，悟則顯，迷則不顯，然亦不可執著，故曰即是非相，是名之為實相也。

復次，白佛言：我今得聞如是經典，深信瞭解，領受行持，不足為難。若當來世後五百歲，像法之際，聖教衰弊，眾生障重，聞是經而能信解受持者，則實為難；若於難能之時而竟能之者，是人即為第一稀有。何以故？此人已通達勝解此

李叔同解經

△大威德菩薩（明）

經，已了達人、我、眾生、壽者四相，所以者何？人、我、眾生、壽者四相，如幻非實，即是非相。離此一切非相，即是一切法，即是非即非離而到究竟，即名之為諸佛。諸佛者，即是金剛般若，即是離相一大寂滅海也。

　　佛告須菩提：「如是，如是，若復有人得聞是經，不驚、不怖、不畏，當知是人，甚為稀有。何以故？須菩提！如來說第一波羅蜜，即非第一波羅蜜，是名第一波羅蜜。須菩提！忍辱波羅蜜，如來說非忍辱波羅蜜，是名忍辱波羅蜜。何以故？須菩提！如我昔為歌利王割截身體。我於爾時，無我相、無人相、無眾生相、無壽者相，何以故？我於往昔節節支解時，若有我相、人相、眾生相、壽者相，應生瞋恨。須菩提！又念過去，於五百世作忍辱仙人，於爾所世，無我相、無人相、無眾生相、無壽者相。是故須菩提！菩薩應離一切相，發阿耨多羅三藐三菩提心；不應住色生心，不應住聲、香、味、觸、法生心，應生無所住心；若心有住，則為非住。

　　此段前補明他悟，後明忍辱為般若所攝義。世尊以須菩提泣述經旨畢，隨即印可曰：如是如是，如汝所說，正無謬誤。若復有人，得聞是經般若妙諦，與其從無始來所修習所稟承者不同，不驚其怪誕，不生怯弱之畏心，亦不怖惡前事錯訛。由聞生信，由信生解，由解起行，當知此人，甚為稀有。何以故？六度以般若能賅，般若為第一，故如來說第一波羅蜜。以真諦言，本無有法，何有法執，是以即非第一波羅蜜。但其所以說第一波羅蜜者，隨世諦故，假說為第一波羅蜜耳。忍辱、布施及戒、定、精進，本為金剛般若之妙用，若無金剛般若，若盲無導者，不能有此妙用矣。

△弘一法師繪羅漢圖

即就忍辱波羅蜜言之，具金剛般若，則人法雙空，事相全空，辱本無有，何有於忍，故如來說非忍辱波羅蜜。依世諦假說，是名忍辱波羅蜜也。何以故？我昔時體為歌利王割截，爾時坦然自忘，本無有我，亦無有所割截之身體，更無有能割截身體之歌利王，是四相已空矣。如其不然，當節節分解時，應生嗔恨心，我當時無嗔恨心，即是具忍辱行相，即是名忍辱波羅蜜矣。又念我過去五百世作忍辱仙人，為人損害，我不特無嗔恨心，且發大菩提心對其人曰：我得道當首度汝。是我於爾所世，人、我、眾生、壽者四相皆無矣。

復呼須菩提而告之曰：菩薩應離一切虛妄分別和合連續之相，而發無上正等正覺心，不應依住六塵而生差別心，但應生無所住心。若心有所住，則是住顛倒，即非住般若矣。

「是故佛說菩薩心不應住色布施。須菩提！菩薩為利益一切眾生，應如是布施。如來說一切諸相，即是非相；又說一切眾生，即非眾生。如來是真語者，實語者，如語者，不誑語者，不異語者。須菩提！如來所得法，此法無實無虛。須菩提！若菩薩心住於法而行布施，如人入暗，則無所見；若菩薩心不住法而行布施，如人有目，日光明照，見種種色。

此承上忍辱，明布施無住義。其所以無住行施者，以菩薩為利益一切眾生故，應無所住而行於布施也。且必無所住而行施，方能利益眾生。有所住而行施，不能自利，亦不能利眾也。然既言行施利眾，即有人法之相矣。人法非實，雖行實無所行，故如來說一切諸相，即是非相也。雖利眾生實無眾生可利，故如來說一切眾生，亦非眾生也。

世尊恐眾起疑，不如佛說修行，而執言說相，故復告之曰：如來所說之語，是真語者，是證得般若真智流出也；是實語者，是妙智觀察諸法如幻非實，如理而說也；是如語者，是如十方三世諸佛所同說也；非故意欺誑眾生而為誑語者；非為種種不同之異語者。雖間有諸說差別，為成一道實無有異

也。況佛所證得之無上菩提，無實無虛。無實者，不可執以為實，若執以為實，則是有住，是常見，即非菩提也。無虛者，不可執以為虛，若執以為虛，則是有住，是斷見，亦非菩提也。

且無住與住，得失懸殊，若菩薩行施而住於法，如人入暗處，雖有目而無所見。若菩薩行施不住於法，如人有目有見，日光明照，無論若干種種之色，無不見也，其益為何如耶！

「須菩提！當來之世，若有善男子、善女人，能於此經受持讀誦，即為如來以佛智慧，悉知是人，悉見是人，皆得成就無量無邊功德。」

上已明無住修行之益，此明菩薩欲得益，必須持經。故告須菩提云：當後來之世，若有善男子、善女人，能於此經領受其義，如義行持，讀誦通利，則是人已了此金剛般若。如來以真智力，悉知是人行菩提因，以佛眼力，悉見是人得菩提果，皆得成就無量無邊功德也。

○ 持經功德分第十五

「須菩提！若有善男子、善女人，初日分以恆河沙等身布施，中日分復以恆河沙等身布施，後日分亦以恆河沙等身布施，如是無量百千萬億劫以身布施；若復有人，聞此經典，信心不逆，其福勝彼；何況書寫、受持、讀誦、為人解說？須菩提！以要言之：是經有不可思議，不可稱量無邊功德。」

前明持經功德勝恆河沙等身命布施功德，此明勝無量百千萬億劫以恆河沙等身命布施功德也。初、中、後日分者，日三時也，一日如是，日日如是，積而成劫，乃至無量百千萬億劫，皆以恆河沙等身命布施。時間如是永久，福德如是廣大，

△弘一法師繪羅漢圖

以之比較聞此經典信心不逆所得福德，已遠勝於彼，何況復能自己書寫、受持、誦讀，或為人解說而教之書寫、受持、誦讀，其福德更若何耶！

　　要而言之，是經為經中之王，諸佛之母，一句一偈皆是般若菩提，其所有福德，非心行之所能思想，非言語之所能評議，非如輕重、大小、長短、寬狹之能稱量，亦非有邊際涯岸之能限量。但此功德，亦非外求，即為自心之所顯現，雖思而無可思，雖議而無可議者也。若強加以推度，即為著相。相者，非特長、短、大、小謂之相，義理有、無、虛、實、動、靜、語、默無非是相，六書會意，心相為想，故思想亦謂之相。心之所緣，如鏡照物，物來當鏡，鏡中之物顯然畢露，物未當鏡，鏡中自無物影也。故虛而不照，無物不照；照而不虛，其照有限，此經之功德亦復如是。著相有限，不著相則無量無數無邊也。

△忉利帝釋天局部（明）

「如來為發大乘者說，為發最上乘者說。若有人能受持讀誦，廣為人說，如來悉知是人，悉見是人，皆得成就不可量、不可稱、無有邊、不可思議功德。如是人等，則為荷擔如來阿耨多羅三藐三菩提。何以故？須菩提！若樂小法者，著我見、人見、眾生見、壽者見，即於此經，不能聽受、讀誦、為人解說。須菩提！在在處處，若有此經，一切世間天、人、阿修羅所應供養。當知此處，則為是塔，皆應恭敬作禮圍繞，以諸華香，而散其處。」

此明此經勝，則持經者亦勝，持經所得之福德亦勝，而此經所在之處亦無不勝也。所以者何？此經如來為發大乘心者說，即為菩薩無上菩提心者說，非為凡夫二乘說。為最上乘之上根智人等於佛智者說，非為外道說。若有人能受持讀誦以自利，復於不可言說而廣為人假立言說以利他，如來以佛智慧，悉知是人，悉見是人，皆得成就不可稱量、無有邊際、不可思議功德。如是人等，等同佛慧，對於如來成就無上正等正覺之家業，一肩荷擔，是即以如來之功德而為其功德矣。

若樂小法者，如聲聞、緣覺，貪著有餘涅槃之樂，不能迴小向大，自是法見猶存，對於此經，當然不能受持、讀誦、為人解說。又若著我、人、眾生、壽者見之外道、凡夫，善根雖有，或貪求世間富貴壽考，或希求利養安樂，或欲消滅現在一切煩惱求一忍定，或以身體為患而欲捨身成空，或以心念為患而修無想定，或欲求神仙而生天上，或有稍明佛法而希冀來生得一善果，如是等人，皆不能受持讀誦此經為人解說也。若能持此經者，即是荷擔佛法者。經勝，故持經之人亦勝也，而經之所在處亦然。在在處處，若有是經，一切世間天人及八部眾，當知此處即為是塔，皆應作禮圍繞以表示恭敬，皆以諸華諸香布散其處以為供養。此經在處則處勝也，此經之重為何如耶！

李叔同解經

○ 能淨業障分第十六

「復次,須菩提!善男子、善女人,受持讀誦此經,若為人輕賤,是人先世罪業應墮惡道,以今世人輕賤故,先世罪業,則為消滅,當得阿耨多羅三藐三菩提。」

此明持經消罪。障有三種:㈠煩惱障,即貪嗔癡慢疑等。㈡業障,心不自在顛倒妄動。㈢報障,如鳥報,止能飛空,不能游水;魚報,止能游水,不能飛空;人報,自有人的範圍,不能飛空亦不能游水。障如垢穢然,能淨即金剛般若,所淨即垢穢。又業障如霜露,此經如慧日,慧日一照霜露消滅。若善男子、善女人受持讀誦此經,應為人尊重,今反為人輕賤,則是人先世罪業,本應墮地獄、餓鬼、畜生之三惡道,以今世既為人輕賤,先世罪業即行消滅,當得無上正等正覺也。

「須菩提!我念過去無量阿僧祇劫,於燃燈佛前,得值八百四千萬億那由他諸佛,悉皆供養承事,無空過者。若復有人於後末世,能受持讀誦此經,所得功德,於我所供養諸佛功德,百分不及一,千萬億分,乃至算數譬喻,所不能及。」

此明持經功德,勝如來先世供佛功德。世尊云:我念過去無量阿僧祇劫,於燃燈佛前,得值之佛,其數達八百四千萬億那由他之多,我皆供養奉事,無有空值不奉事者,以福德言,當然是多。若復有人於後末世能受持此經,所得功德,與我供養諸佛功德比較,我之功德百千萬億分不及彼之一,乃至不及彼算數譬喻所不能及分之一。何以故?供佛是有為有得之功德,不能速得菩提;遠不如持經自利利他之功德,是無為無所得之功德,能速得無上菩提也。

「須菩提!若善男子、善女人,於後末世,有受持讀誦此經,所得功德,我若具說者,或有人聞,心則狂亂,狐疑不信。須菩提!當知是經義不可思議,果報亦不可思議。」

此明持經功德無量，前已五次比較，尚未具說。若善男子、善女人，於後末世能受持讀誦此經，所得無量無數之功德，本言語難以形容。我若詳細形容，完全說出，有人聽聞，心即狂亂狐疑不信，我所以不具說也。其所以狐疑不信者，以不了此經義故；若了知此經義不可思不可議，則持經所得之果報，當然不可思不可議也，有何狐疑之有哉！

○ 究竟無我分第十七

爾時，須菩提白佛言：「世尊！善男子、善女人，發阿耨多羅三藐三菩提心，云何應住？云何降伏其心？」佛告須菩提：「善男子、善女人，發阿耨多羅三藐三菩提心者，當生如是心：我應滅度一切眾生，滅度一切眾生已，而無有一眾生實滅度者。何以故？須菩提！若菩薩有我相、人相、眾生相、壽者相，即非菩薩。所以者何？須菩提！實無有法發阿耨多羅三藐三菩提心者。」

此須菩提重問，總結以前。問云：善男子、善女人，云何發菩提心以及住心降心？佛告之曰：應當生滅度一切眾生心，滅度一切眾生已，當知所度之眾生皆自性自度，而無一眾生實滅度者。若謂我能度眾生，則著我見；有眾生可度，則著眾生見；有我見、眾生見，即有人見、壽者見，則非菩薩矣。所以者何？實無有法發菩提心者，若有法發菩提心者，則有能度、所度；有我、人、眾生、壽者四見。今既無法發菩提心者，自無能度所度，及我人眾生壽者四見矣。

「須菩提！於意云何，如來於燃燈佛所，有法得阿耨多羅三藐三菩提不？」「不也，世尊！如我解佛所說

△弘一法師繪羅漢圖

義，佛於燃燈佛所，無有法得阿耨多羅三藐三菩提。」佛言：「如是，如是。須菩提！實無有法，如來得阿耨多羅三藐三菩提。須菩提！若有法如來得阿耨多羅三藐三菩提者，燃燈佛則不與我授記：汝於來世當得作佛，號釋迦牟尼。以實無有法得阿耨多羅三藐三菩提，是故燃燈佛與我授記，作是言：汝於來世當得作佛，號釋迦牟尼。何以故？如來者，即諸法如義。若有人言：如來得阿耨多羅三藐三菩提，須菩提！實無有法，佛得阿耨多羅三藐三菩提。須菩提！如來所得阿耨多羅三藐三菩提，於是中無實無虛。」

此明既無發心之因，亦無授記之果，所以究竟無我之義也。統觀佛法，不外教、理、行、果四事：能明即教，所明即理，明理修行，由修行實際之所證即果。自行以之，化他以之，故六度萬行，無一非教、理、行、果之妙用也。然絲毫不可取不可說，若有所取有所說，則非金剛般若，非諸法實相，不得謂之佛，亦不得謂之菩薩也。

故世尊問須菩提云：如來於燃燈佛所，有法得菩提不？須菩提答云：不也。佛即印可曰：如是如是，如來實無有法得菩提，若有法如來得菩提，則心有著有見，不得謂之如來。燃燈佛亦不得與我授記云：汝於來世當得作佛，號釋迦牟尼；以實無有法得菩提，則無我見，亦無菩提見，故燃燈佛與我授記云：來世當作佛，號釋迦牟尼也。

然則佛之所得，豈不同於龜毛、兔角乎？曰：不也。何以故？蓋如來者，諸法如如不動義，平等無差別義，不落二邊，中亦不住，行無可行，得亦無得，故名如來也。若有人言如來得菩提，則是人法我見，實有能得之佛與所得之菩提也。所以者何？得而非得，不可言實；非得而得，不可言虛；故曰如來所得菩提，無實無虛也。

「是故如來說一切法，皆是佛法。須菩提！所言一切法者，即非一切法，是故名一切法。須菩提！譬如人身長大。」須菩提言：「世尊！如來說人身長大，則為非大身，是名大身。」

上已明諸法如故，名為如來，故一切法如，即是如來，故一切法皆是佛法也。然所言一切法者，非一切顛倒之法也，即一切法如，故名一切法也。世尊云：譬如人身長大，人身無實無虛，法身非有非無也。須菩提即云：如來說人身長大，遍一切處，具一切功德者，為眾生歎美其為大，非如來身有大小、遍與不遍也。且非有大身實相可著，故云即為非大身，是為遍一切處之大身也。

「須菩提！菩薩亦如是。若作是言：我當滅度無量眾生，即不名菩薩。何以故？須菩提！實無有法，名為菩薩。是故佛說一切法，無我、無人、無眾生、無壽者。須菩提！若菩薩作是言：我當莊嚴佛土，是不名菩薩。何以故？如來說莊嚴佛土者，即非莊嚴，是名莊嚴。須菩提！若菩薩通達無我、法者，如來說名真是菩薩。」

上已明無法發菩提心之佛，此明亦無法名為菩薩。故世尊云：不特佛法如是無有，菩薩法亦如是無有。菩薩若作是言：我當度眾生，則是有見，是不名菩薩。何以故？蓋實無有法名為菩薩，故佛說一切法無人、我、眾生、壽者。若菩薩作是言：我當莊嚴佛土，是不名菩薩。何以故？蓋莊嚴不可取不可說，佛土亦不可取不可說，而如來所以說莊嚴佛土者，無有莊嚴之相，亦無有佛土之相，故云即非莊嚴佛土，是名莊嚴佛土也。若菩薩了悟無人、無我，了悟無法、無非法，如如不動，湛然常寂，則名真是菩薩，等於佛慧矣。

○ 一體同觀分第十八

「須菩提！於意云何？如來有肉眼不？」「如是，世尊！如來有肉眼。」「須菩提！於意云何？如來有天

△韋馱菩薩（明）

眼不？」「如是，世尊！如來有天眼。」「須菩提！於
意云何？如來有慧眼不？」「如是，世尊！如來有慧
眼。」「須菩提！於意云何？如來有法眼不？」「如是，
世尊！如來有法眼。」「須菩提！於意云何？如來有佛
眼不？」「如是，世尊！如來有佛眼。」

此分以後說果。金剛般若本包括教、理、行、果，前五分
明理，第六分後明事即行，經典即教，而教所明理、行，第
十七分由教、理、行無我，總結菩薩至佛。自行教、理、行、
果已周，而化他之因果亦同，渾物一體，同觀無別，故此分名
為一體同觀也。

前屢明無得無見，非無眼故不見，故問須菩提云：如來有
五眼不？須菩提答云：如來有五眼。如來有五眼尚不見諸法，
況凡夫二乘不具五眼而言見有菩提可得耶？

肉眼者，凡夫眼，範圍最小，以紙障之，即不能見。天眼
者，生天者有之，禪定亦能得，能遠視，能透礙。慧眼者，聲
聞、緣覺乘有之，觀眾生皆是空，皆是四大五陰假合，如鏡花
水月，須菩提已有此種智慧為其生命。法眼者，菩薩所具之眼
也，不惟了達人我眾生是空，亦了達諸法緣生無有自性，一切
即一，一即一切，運用無礙。佛眼者，即佛具之眼也，證得無
上正等正覺，通達一切眾生世出世間法，此種妙智，五眼皆
具；菩薩得四眼；五通羅漢雖具三眼，而不能剎那齊觀三境。
二乘通而有礙，凡夫礙而不通，佛於剎那中同時可見人、天、
羅漢、菩薩所見境界，究竟清淨，圓滿法界，無障無礙，無欠
無餘，即是此眼所見諸法相用。然究其實，定體定相定用，皆
不可得也。

△弘一法師繪羅漢圖

「須菩提！於意云何？如恆河中所有沙，佛說是

沙不？」「如是，世尊！如來說是沙。」「須菩提！於意云何？如一恆河中所有沙，有如是等恆河，是諸恆河所有沙數，佛世界如是，寧為多不？」「甚多，世尊！」佛告須菩提：「爾所國土中，所有眾生，若干種心，如來悉知。何以故？如來說諸心，皆為非心，是名為心。所以者何？須菩提！過去心不可得，現在心不可得，未來心不可得。」

此明眼所觀境。世尊云：如恆河中所有沙數之恆河，是諸恆河所有沙數之佛世界，寧為多不？須菩提言：甚多。世尊云：不但爾所佛世界甚多之國土，如來悉見悉知，即爾所佛世界國土中之眾生若干種心，人之所難知者，如來亦悉知。何以故？蓋他心通也。他心通，能了知眾生種種之心。以心無二心，此無二之心，皆是一切世界所有一切眾生之心。且如來所知諸眾生心唯在顛倒中行，皆為非心，是名為心也。所以者何？心含空間，無影無跡，不可言有，亦不可言無。就時間區別看來，亦是假立：過去心已過去，則過去心不可得；現在心不住，則現在心不可得；未來心未來，則未來心亦不可得；過去、現在、未來之心均不可得，是假立而非實有，明甚。諸眾生不察，以無為有，種種顛倒，所以一切心皆是非心，是名為心也。

○ 法界通化分第十九

「須菩提！於意云何？若有人滿三千大千世界七寶以用布施，是人以是因緣得福多不？」「如是，世尊！此人以是因緣，得福甚多。」「須菩提！若福德有實，如來不說得福德多；以福德無故，如來說得福德多。」

此明福德無實，得與不得平等。故問須菩提云：若有人滿三千大千世界七寶以用布施，而不住施者、受者、財物三相，是人以是因緣得福多不？須菩提答云：此人得福甚多。世尊復告須菩提云：若福德有實，則是有所得之福德，如來不說得福德多。以福德無故，則是無所得之福德，故如來所以說得福德多也。此無所得之福德，不從有得生，亦不從無得生，得無得平等，

故是無所得也，故是得福德多也。

○ 離色離相分第二十

「須菩提！於意云何？佛可以具足色身見不？」「不也，世尊！如來不應以具足色身見。何以故？如來說具足色身，即非具足色身，是名具足色身。」「須菩提！於意云何？如來可以具足諸相見不？」「不也，世尊！如來不應以具足諸相見。何以故？如來說，諸相具足，即非具足，是名諸相具足。」

「色身」者，即有色可見之身，所謂三十二相、八十種好也。此身云報身，由報得來者也。「諸相」者，謂化身，有百千萬億之形相，變化不測者也。此身又名應身，以神通妙用，隨應眾生顯現而施行教化者也。「具足」者，謂盡形相之優美也。此段明報身、化身與法身不即不離。

世尊問須菩提云：佛之法身，可以形相優美之色身見不？須菩提答云：不也，如來法身，不應以形相優美之色身見。何以故？如來說形相優美之色身，雖不離法身，然亦非即法身，故色身非即具足色身，色身非即法身，故色身是名具足色身也。又問：如來法身，可以形相優美之種種變化身見不？須菩提云：不也，如來法身，不應以形相優美之種種變化身見。何以故？如來說形相優美之種種化身，雖不離法身，然亦非即法身，化身不離法身，故化身非即具足化身，化身非即法身，故化身是名化身具足也。由是可知報身、化身、法身，非一非異，亦一亦異，相而無相，無相而相之妙矣。

○ 非說所說分第二十一

「須菩提！汝勿謂如來作是念：我當有所說法。莫

△大梵天無色界上四天並諸天眾（明）

作是念，何以故？若人言如來有所說法，即為謗佛，不能解我所說故。須菩提！說法者，無法可說，是名說法。」爾時，慧命須菩提白佛言：「世尊！頗有眾生，於未來世，聞說是法，生信心不？」佛言：「須菩提！彼非眾生，非不眾生。何以故？須菩提！眾生眾生者，如來說非眾生，是名眾生。」

色身與法身之關係既如上述，云何如來有所說法耶？故告須菩提云：汝勿謂如來法身有所說法，若有人云如來法身有所說法，則是起心動念，有所取著，妄想分別，即為謗毀如來，不能瞭解如來所說義。何以故？如來者，諸法如義，雖說法實無法可說，假名之為說法也。須菩提以了達生空之智慧為命，故云慧命須菩提。啟白佛言：此雖說無所說之法如是，頗有眾生於未來世，聞說是法生信心不？佛言：眾生與佛無二無別，故云彼非眾生；只因未具足了悟，所以非不眾生也。故三界九地之眾生，莫不具金剛般若無上妙慧之種子，所以如來說非眾生；因金剛般若妙慧種子尚未顯現，所以如來說名為眾生也。

○ 無法可得分第二十二

須菩提白佛言：「世尊！佛得阿耨多羅三藐三菩提為無所得耶？」佛言：「如是，如是。須菩提！我於阿耨多羅三藐三菩提，乃至無有少法可得，是名阿耨多羅三藐三菩提。」

世尊以身口意三業教化眾生，前途行乞食，是遊行教化，即身教化也；入定說法，即口教化也；令眾生依說修行，得無上菩提，是意教化也。深恐大眾執著，虛妄分別，不能了達諸法實相，故重重破遣。前云相好非即法身，破執身業也；云如來實無所說，破執語業也；茲云得無所得，破執意業也。須菩提雖了達如來即諸法如來，即無上菩提，固得無所得，而心中猶不能十分釋然，故啟白佛言：佛得阿耨多羅三藐三菩提為無所得耶？佛即印可曰：如是，如是，我於阿耨多羅三藐三菩提乃至無有少法可得，即是名為阿耨多羅三藐三菩提也。若我有一毫之得，則即是不得，不名無上菩提。以畢竟無得，乃是得無上菩提，是名為無上菩提也。

○ 淨心行善分第二十三

「復次，須菩提！是法平等，無有高下，是名阿耨多羅三藐三菩提；以無我、無人、無眾生、無壽者，修一切善法，則得阿耨多羅三藐三菩提。須菩提！所言善法者，如來說即非善法，是名善法。」

此分緊承上分，復告須菩提云：此得無所得之法，平等平等，在聖不增，在凡不減，無有高下之殊，是名無上正等正覺，是即金剛般若波羅蜜也。以無我、人、眾生、壽者四相，修行六度萬行之善法，即得此無上正等正覺。所言善法者，無有自體可得，亦不可執以為實，故曰非善法；但如法而名，故名為善法也。

○ 福智無比分第二十四

「須菩提！若三千大千世界中，所有諸須彌山王，如是等七寶聚，有人持用布施。若人以此《般若波羅蜜經》，乃至四句偈等，受持、讀誦、為他人說，於前福德百分不及一，百千萬億分乃至算數譬喻所不能及。」

上明修善法得菩提，當知金剛般若外無善法，修善法即是受持《般若波羅蜜經》。故世尊告須菩提云：若三千大千世界中，所有諸須彌山王相等高大之七寶積聚，有人持用布施，其所得福德固屬甚多，較之受持此《般若波羅蜜經》，乃至四句偈等，或為他人說，所得之福德，百分不及一，百千萬億分不及一，乃至算數譬喻所不能及一，其持經福德之多為何如耶！蓋七寶布施是財施，是修福；持經自利利他是法施，是福慧雙修，所以此持經之福德，勝於彼七寶布施之福德也。

○ 化無所化分第二十五

「須菩提！於意云何？汝等勿謂如來作是念：我當度眾生。須菩提！莫作是念。何以故？實無有眾生如來度者，若有眾生如來度者，如來則有我人眾生壽者。須菩提！如來說有我者，則非有我，而凡夫之人以為有我。須菩提！凡夫者，如來說則非凡夫，是名凡夫。」

此明如來化度眾生，雖化而無所化義。謂須菩提云：汝勿謂如來作是念：我當度眾生。何以故？前言佛與眾生無有高下之殊，焉有眾生為如來度？若有眾生為如來度，則眾生亦可度如來，如此虛妄分別，則有眾生見、如來見，如來亦有我人

△弘一法師繪羅漢圖

眾生壽者四見，自度不能，何能度他？故佛無有眾生見也。若無有眾生見，當然無有我見，我見既無，云何佛自稱有我耶？如來說有我者，隨世俗說耳，實無有我可說也。既無我可說，云何世俗中有我來去生死等事耶？蓋世俗凡夫，於無我中以為有我也。所云凡夫者亦屬假名，無別有凡夫性，因迷金剛般若即凡夫，故如來說為凡夫。悟金剛般若即聖，故如來說即非凡夫。即此未悟之時，故名為凡夫也。

○ 法身非相分第二十六

「須菩提！於意云何？可以三十二相觀如來不？」須菩提言：「如是，如是，以三十二相觀如來。」佛言：「須菩提！若以三十二相觀如來者，轉輪聖王則是如來。」須菩提白佛言：「世尊！如我解佛所說義，不應以三十二相觀如來。」爾時，世尊而說偈言：「若以色見我，以音聲求我，是人行邪道，不能見如來。」

此承前第二十分，明三十二相非即法身義。問須菩提云：可以三十二相觀如來不？須菩提猶是乍迷乍悟，故啟白佛言：如是，如是，以三十二相相好觀如來。世尊當即呵斥云：若以相好即如來法身，轉輪聖王亦具三十二相，即是如來。須菩提猛然大悟，白佛言：如我解佛所說意，法身雖不離色身，亦不應以色身即為如來法身也。爾時世尊重以偈言顯示：若以色相為如來法身，則轉輪聖王亦是如來；若以聲音為如來法身，則迦陵頻伽鳥亦是如來；是人未得金剛般若而行邪道，永遠不能得見如來法身也。若已得金剛般若，不即色相、聲音可見如來，不離色相、聲音亦可見如來，非色、非聲可見如來，乃至非非色、非非聲亦無不可見如來也。金剛般若之妙用為如何耶！

○ 無斷無滅分第二十七

「須菩提！汝若作是念：如來不以具足相故，得阿耨多羅三藐三菩提。須菩提！莫作是念：如來不以具足相故，得阿耨多羅三藐三菩提。須菩提！汝若作是念：發阿耨多羅三藐三菩提心者，說諸法斷滅。莫作是念！何以故？發阿耨多羅三藐三菩提心者，於法不說

斷滅相。」

　　此明不落斷滅義。三十二相本為佛果，不以三十二相觀如來法身，非無福德之因果也。故告須菩提云：汝若起如來不以具足相故得菩提之心念，則心念落於偏、落於斷，即不合正道。汝當莫起如來不以具足相故得菩提之心念，則心念即不落於偏斷，合於正道矣。何以故？須菩提！汝若起此念，發菩提心者即是狂慧，撥無因果，則是說諸法斷滅矣。古來聖賢，從初發菩提心以至佛果，於法皆不說常，故不住常見；亦不說斷，故不住斷見，所以謂之無上正等正覺也。

○ 不受不貪分第二十八

　　「須菩提！若菩薩以滿恆河沙等世界七寶，持用布施；若復有人知一切法無我，得成於忍，此菩薩勝前菩薩所得功德。何以故？須菩提！以諸菩薩不受福德故。」須菩提白佛言：「世尊！云何菩薩不受福德？」「須菩提！菩薩所作福德，不應貪著，是故說不受福德。」

　　此明證法無我菩薩之功德，勝以七寶布施之菩薩所得之功德。菩薩已證人無我，尚未證法無我，若有菩薩以滿恆河沙等世界七寶持用布施所得之功德，與知一切法無我，得瞭解任持不忘而成於忍之菩薩所得之功德比較，則此菩薩功德勝前菩薩功德。何以故？以此菩薩不受所得之福德，所以勝前菩薩有所得之福德也。須菩提尚未了悟，故啟白佛言：菩薩所作福德，云何不受福德耶？世尊告之曰：菩薩以無受福德心，故不貪著福德，是故不說受福德也。以既無受心，又無貪心，瞭解一切法無我，正智如如，契理亦如如，無上般若等同佛境，故福德量如虛空，利益眾生無有窮盡，所以稱歎其功德勝前菩薩功德也。

△弘一法師繪羅漢圖

○ 威儀寂靜分第二十九

「須菩提！若有人言：如來若來、若去、若坐、若臥，是人不解我所說義。何以故？如來者，無所從來，亦無所去，故名如來。」

上已明不受福德，云何如來福慧圓滿坐菩提座趣於涅槃耶？世尊為釋此疑，故曰：來去坐臥等威儀事，如來雖不離此威儀，而亦非即此威儀，若有人執此威儀即是如來，則即以利益眾生之化身執為實，不解如來所說法身義。何以故？如來說法身者，本來常住，無所出現而來，亦無所入滅而去，為方便眾生計，住於世間若坐若臥而行教化，故名如來也。

○ 一合理相分第三十

「須菩提！若善男子、善女人，以三千大千世界碎為微塵，於意云何，是微塵眾寧為多不？」須菩提言：「甚多，世尊！何以故？若是微塵眾實有者，佛則不說是微塵眾。所以者何？佛說微塵眾，則非微塵眾，是名微塵眾。世尊！如來所說三千大千世界，則非世界，是名世界。何以故？若世界實有者，則是一合相，如來說一合相，則非一合相，是名一合相。」「須菩提！一合相者，則是不可說，但凡夫之人貪著其事。」

世界本為微塵所合，轉言之，即微塵集合而成世界。世界雖難實行碎而分析，然由理想假設，可一一分析至於極微，鄰於虛空，不可再分，若再分之即為虛空，是微塵是空非實。微塵既即是空非實，由微塵所合成之世界，亦是空非實。微塵空，世界空，一世界與眾微塵何異？故曰：世界微塵，不可言一，亦不可言異，不可言一，亦不可言多也。以世界喻法身，可謂之一真法界，而十方諸佛法身，不可言諸法界、諸法身。何以故？法界法身，不可言一，亦不可言多，如光光互照，光光互攝，一多不異，一多不礙也。

世尊問須菩提云：以三千大千世界碎為微塵，是微塵眾寧為多不？須菩

提云：甚多。但微塵雖多，空無自性，乃假說微塵眾，若此微塵眾實有者，佛則不說微塵眾。所以者何？佛說微塵眾，實空無所有，故云非微塵眾，是假名微塵眾。如來說三千大千世界亦然，世界亦空無所有，故云非世界，是假名世界。何以故？若世界實有者，即是一合相，即是微塵眾合為一世界相，佛所說一合相者，亦屬假名，謂微塵眾合成一世界，碎而分析，世界相本無所有，而微塵相亦不可得，故云即非一合相，是假名一合相也。世尊以須菩提已了達世界微塵，空無所有，一多不異，猶恐其著合相，故告之曰：一合相者，即是不可說。不可說者，不可說一，亦不可說異，不可說合，亦不可說不合也。如法身周遍法界，具足圓融，亦不可說一多、合不合也。凡夫之人不了此義，以世界為實，而起一多合與不合等種種虛妄分別，貪著不捨，造種種業，流浪生死而不自覺，良可悲矣。

○ 知見不生分第三十一

「須菩提！若人言：佛說我見、人見、眾生見、壽者見。須菩提！於意云何，是人解我所說義不？」「不也，世尊！是人不解如來所說義。何以故？世尊說我見、人見、眾生見、壽者見，即非我見、人見、眾生見、壽者見，是名我見、人見、眾生見、壽者見。」「須菩提！發阿耨多羅三藐三菩提心者，於一切法，應如是知，如是見，如是信解，不生法相。須菩提！所言法相者，如來說即非法相，是名法相。」

此明生知見亦是貪著。凡夫之人，所以貪著其事者，以其有我見故也。有我見，即有人眾生壽者等見。若四見既無，則無有能貪之主體，更何有所貪之事物？況外界之事物，皆自心之所顯現，本空無所有，雖貪著亦如鏡花水月也。故新發意菩薩發菩提心，我見既無，法見亦不當有也。雖然，佛何以說眾

△弘一法師繪羅漢圖

李叔同解經

生有我見耶？佛說眾生著於我見，似乎有我見矣，世尊為釋此疑，故問須菩提以釋之云：有人言，佛說我、人、眾生、壽者等見，此人瞭解我所說義不？須菩提答云：是人不瞭解如來所說義。何以故？世尊說我、人、眾生、壽者見，明我、人、眾生、壽者見是空，即非我、人、眾生、壽者見，是假名為我、人、眾生、壽者見；非因說我、人、眾生、壽者見，便定有我、人、眾生、壽者見也。世尊以須菩提以明我本來畢竟不可得，恐不了於法亦本來不可得義，故告之曰：發菩提心者，於六根、六塵、六識之一切法，當了達本來空無所有，本來如鏡花、水月，畢竟不可得。如是知見信解已，不生絲毫法相，即是證得無上菩提。所言法相者，亦如我義，我既非有，而法亦不可得；故云即非法相，是假名法相也。

○ 應化非真分第三十二

「須菩提！若有人以滿無量阿僧祇世界七寶，持用布施；若有善男子、善女人，發菩提心者，持於此經，乃至四句偈等，受持讀誦，為人演說，其福勝彼。云何為人演說？不取於相，如如不動。何以故？一切有為法，如夢、幻、泡、影，如露亦如電，應作如是觀。」

此明應化如幻不可執取，其福德最勝。世尊告須菩提云：若有人滿無量無數世界之七寶持用布施，其所得福德本來甚多，若有善男子、善女人發菩提心，持於此經或四句偈等，自己受持讀誦，復為人說而不說、不說而說，其福勝於彼滿無量無數世界七寶布施之福也。

云何說而不說、不說而說？不取能說之相，亦不取聽說之相，更不取所說之相。當如法性而說，不生心動念，如彼真如湛然不動也。無為之法固應如是，不若有為之法反是也。何以故？有為之法如夢然，夢時覺有，醒時則無也。如幻師為幻事然，幻現種種事物，而實無有種種事物也。如水中所起水泡然，陽光映照有如摩尼，心生貪著，而實非摩尼也。如陰影然，物在影在，物無影無，物既是空非有，影亦是假非真也。如霧露然，空中清淨，則

霧湧騰,不久消滅,即非常有也。如電然,突現突滅,突此突彼,非常非遍也。有為法既如此六事,行深般若者,應當作如是觀察,不可有所執取也。

佛說是經已,長老須菩提,及諸比丘、比丘尼、優婆塞、優婆夷、一切世間天人阿修羅,聞佛所說,皆大歡喜,信受奉行。

此明流通。佛說是經畢,長老須菩提及諸男僧之比丘,女僧之比丘尼,在家修行之男子優婆塞,在家修行之女子優婆夷,以及天人阿修羅等,聞佛所說,身心暢然,皆大歡喜,發生正解淨信,承奉行持,趣證佛果;且為流通不息,俾所有一切眾生,亦皆得證佛果也。經文講竟,敬為偈曰:住心降心,人法無我,是名般若,大乘因果。

△弘一法師繪羅漢圖

李叔同解經

大寶蓮釋迦牟尼佛

佛說阿彌陀經

——釋加牟尼佛親口講述，往生西方極樂世界的修持經法

太虛法師◎解

[姚秦]三藏法師鳩摩羅什◎譯

《佛說阿彌陀經》講要

太虛大師講，燈霞記。錄自佛教日報
二十五年十一月至二十六年一月份

懸論
○ 一 釋名題

　　《佛說阿彌陀經》，合能說之佛與所說之佛而立名。上面的佛字，是本經的能說者——釋迦牟尼佛。故在講經之前，在會大眾須志心誠意的合掌稱念「南無本師釋迦牟尼佛」三稱，用意即在此。然而，佛是通名，十方過去現在一切諸佛都是佛，而且都是平等的，沒有等級和品質的差別。只要成就福慧二足，到究竟圓滿覺悟的地位，都堪稱曰佛。佛以大悲願力而普度眾生，

駄如是等諸大弟子，并諸菩薩摩訶薩文殊師利法王子阿逸多菩薩乾陀訶提菩薩常精進菩薩與如是等諸大菩薩及釋提桓因等無量諸天大眾俱爾時佛告長老舍利弗從是西方過十萬億佛土有世界名曰極樂其土有佛號阿彌陀今現在說法舍利弗彼土何故名為極樂其國眾生無有眾苦但受諸

李叔同　解經

使各個眾生離苦得樂，有了利他覺他和自身充分的自覺力；到了佛位，覺悟究竟，福慧亦究竟。一切佛皆具有十種德號，佛——只是十號中的一個。這十種德號，都是從修證諸功德所成就。這本經為什麼不標明釋迦牟尼佛的名字？因為在這時代，在這世界裡為大眾廣說教法的，唯有釋迦牟尼佛是獨一無二之本師，故不另舉其名。而亦可通攝於其餘諸佛，因為釋迦所成就的福德智慧，與十方諸佛平等無別，所謂佛佛道同。故舉釋迦，亦即舉十方諸佛。牟尼——法身報身功德，即諸佛功德；此經為牟尼佛說亦即是十方佛說，十方佛說亦即牟尼佛說：一即一切，一切即一，無二無別。

佛因何而說此教法？諸法真實相性，本無可說。不可說而說法者：一方面，佛在因地中有大悲願力，要令眾生得樂離苦，出生死海；這是佛以大悲心為本因。一方面呢，因眾生機緣成熟。有了這兩種而發生說法的作用，從無可說中而方便說。佛運用方便善巧的智慧，宣說無上妙法。機有千差，法有萬別，應種種機，說種種法。要看聞法者思想環境如何，確定說法的中心的問題。

此經的中心問題，以往生淨土得不退轉為主旨，就是阿彌陀經的特點。無量壽佛經裡面的無量壽佛，即是此經阿彌陀佛的譯義。阿彌陀的本義，即是無量的意思。無量、包含很多的無量義：如無量光明，無量壽命，無量人

△弘一法師手書《佛說阿彌陀經》

佛說阿彌陀經

姚秦三藏法師鳩摩羅什譯

如是我聞一時佛在

舍衛國祇樹給孤獨

園與大比丘僧千二

百五十人俱皆是大

阿羅漢眾所知識長

老舍利弗摩訶目犍

連摩訶迦葉摩訶迦

旃延摩訶俱絺羅

離多周利槃陀伽難

陀阿難陀羅睺羅憍

梵波提賓頭盧頗羅

墮迦留陀夷摩訶劫

賓那薄拘羅阿㝹樓

馱

民、聲聞弟子、菩薩；還有無量相好莊嚴等等。故阿彌陀所以為阿彌陀，一方面以無量義立名；一方面包含有種種莊嚴功德成就。現在釋迦牟尼佛在此經中，宣說阿彌陀佛的依報和正報所成就的功德，依此功德而信願持名，往生淨土，得不退轉。此為此經所詮的中心意義。

經是佛所說的經文。梵文「素怛纜」，譯為契經，本是「線」義，一線貫攝諸法不失不散故。所謂契經者，有契理、契機二義：上契諸佛之理，下契眾生之機。推及十方諸佛所說的教法，無不如此。還有許多雖非佛說而為佛弟子等所說的，既蒙佛之印可，得到佛之同意，亦名佛說的經。

佛在印度舍衛國說此經法，以具足一切微妙音聲之言語而說，當時並無文字發表。到後來，弟子們才以印度的梵文結集記錄。至於翻譯成為中國文字，更不是一次一人的工作了。在藏經中尚有玄奘法師等翻譯的，名稱上稍有不同，但究其經文的真理實際，並沒有什麼不同。

現在講的經，是姚秦時代鳩摩羅什法師翻譯的。羅什的歷史，在三藏記裡有詳細記述。鳩摩羅什，譯曰童壽。因其人雖在年事幼稚時代，而其學問道德如同老年人一樣。羅什父名鳩摩羅炎，印度中天竺人。出家至龜茲國，即現在新疆庫車縣地方。婚娶國王之妹，生羅什。年七歲、隨母出家，遍遊西方諸國。總貫群籍，善於大乘。這時、在東晉時代。北方符堅稱秦，即中

種種奇妙雜色之鳥
次舍利弗彼國常有
就如是功德莊嚴
舍利弗極樂國土成
還到本國飯食經行
十萬億佛即以食時
盛眾妙華供養他方
常以清旦各以衣裓
受陀羅尼華其土眾生
為地晝夜六時雨天
國土常作天樂黃金
莊嚴又舍利弗彼佛
國土成就如是功德
妙香潔舍利弗極樂
色亦光白色白光微

李叔同 解經

國歷史上所謂前秦。建元十九年，使呂光帶兵討伐龜茲，為的是要得這道學俱優精通三藏的羅什法師。果然，獲得羅什，而歸到了涼州地方。呂光聽說符堅敗了，於是自立為王。其後，後秦姚興興師伐涼州，羅什法師才入長安。姚興事以國師之禮，出入皇家的西明閣及逍遙園，率領弟子致力於翻譯，共譯三百八十餘卷，阿彌陀經就是在這時代翻譯的。在譯經史上作考據，極其重要。不然，釋迦以梵語說法，佛弟子以梵文結集；若無人翻譯，怎麼會變為中國文字的經典？若佛經沒有歷史的根據，殊難令人起信。故在釋名題的範圍中，翻譯人的歷史地位不得不提出說明。

○ 二 提教綱

◎ 甲 教

古來的佛教大德，對於佛的教法或開或合，其見解各有不同。在施設教法之能詮的方面，除有經、律、論三藏之外，還另有雜藏。溯此教法之源流，推觀流傳轉變種種差別之分判，可作如下的觀察。這教法源泉，是釋迦在二千五百多年以前在菩提樹下覺悟證得的證法。因有利他覺他本願之心力，故以所證的法應眾生機宜，方便善巧而說。然法性無差別，諸佛所以出現於世現身說法者，無非開示諸眾生令入佛之知見；覺佛之覺，證佛之證，以顯現諸法實相。故雖所說法有千差萬別，從佛的立場上看，無非令眾生輾

樂故名極樂又舍利弗極樂國土七重欄楯七重羅網七重行樹皆是四寶周帀圍繞是故彼國名為極樂又舍利弗極樂國土有七寶池八功德水充滿其中池底純以金沙布地四邊階道金銀琉璃玻瓈合成上有樓閣亦以金銀琉璃玻瓈硨磲赤珠碼碯而嚴飾之池中蓮華大如車輪青色青光黃色黃光赤

△多寶佛（明）

音宣流變化所作合
利弗彼佛國土微風
吹動諸寶行樹及寶
羅網出微妙音譬如
百千種樂同時俱作
聞是音者自然皆生
念佛念法念僧之心
舍利弗其佛國土成
就如是功德莊嚴舍
利弗於汝意云何彼
佛何故號阿彌陀舍
利弗彼佛光明無量
照十方國無所障礙
是故號為阿彌陀又
舍利弗彼佛壽命及

李叔同解經

轉得無上菩提的妙法。但從眾生立場上看，卻有大小、頓漸、顯密的差別了。再從教法原則方面去探討，都是以佛智所證諸法相性為本質。如是教法，因為眾生根性及時地因緣之不同，故在流傳上有轉變差別的形態，遂成了佛教中分宗判教的風尚。

　　在佛滅度後不久，有迦葉、阿難、優波離、富樓那等，結集經、律、論三藏聖典，為宏揚教法之中心人物。在此初期五百年的教法大勢上看，一切大乘顯密的教法，都隱含其中。此時為三乘共法的時期。第二五百年，有馬鳴、龍樹、無著、天親，他們都是主張大乘，對破二乘。故三乘共法，有附屬大乘法的形勢。到了第三五百年，在教法本質上愈形發達。對於教理研究得已很精細，信佛者和佛弟子趨求實驗修行，乃有龍智等以真言密咒的行法昌明於世。整個佛法，完全在真言密咒中生活著，大乘、三乘都附在密法中。到此密法發達時代，大乘尚可同時流傳，而三乘共教卻完全隱沒了。此為佛滅度後在教法的本質上、外表上有這三階段的分別，這是印度佛教的史乘。

　　第一時期的三乘共法，流傳在錫蘭、暹羅、緬甸。現在整個國家政教之設施，仍多以佛教為標準，而國民與佛教徒有同一之步驟。第二時期的大乘性相法，流傳到中國，而朝鮮，而日本，而安南，現在也還有蓬勃的氣象。第三時期的真言密咒的教法，傳入西藏、蒙古、西康、青海，也都能發揮種種的特徵。所以這三個時期的教法，可考之於以上三處的流布區域。

白鶴孔雀鸚鵡舍利，迦陵頻伽共命之鳥，是諸眾鳥晝夜六時，出和雅音其音演暢，五根五力七菩提分，八聖道分如是等法，其土眾生聞是音已，皆悉念佛念法念僧。舍利弗汝勿謂此鳥，實是罪報所生所以者何彼佛國土無三惡道舍利弗其佛國土尚無惡道之名何況有實是諸眾鳥皆是阿彌陀佛欲令法

由流以溯源，西藏、中國、錫蘭三處的教法根源，都是佛運用善巧方便應機而說的。判定這是什麼教，那是什麼宗，是沒有絕對性的。因為在佛法流行的時代和區域上，雖有大小、顯密之不同，而教理都是互相關聯的。

◎乙　理

　　佛法中最普遍共同之理，就是五乘共法。破邪因果，明正因果，世出世間人天四聖善因果，皆從此建立。於此先要明白人天十善法，以二乘賢聖、菩薩、佛果，均由此法做起。此人天乘法，講明善惡因果之俗諦理，教人止惡行善；由此以建立真諦理的基礎。故明白了五乘共法破邪因果、明正因果的人天善法，然後才可以此為根基而建立出世聖人之三乘共法。三乘共法是什麼？即知三界有漏因界皆是變遷無常，皆是苦，一切法無造作者、亦無受者，畢竟是空的、無我的。有漏法是苦，有為法是無常，一切法空無我。以解脫生死煩惱的涅槃寂靜為究竟。這、比較前面的五乘共法是進了一步。

　　再進一步說，大乘教理明一切法不離一法，一法不離一切法。眾生與一切眾生亦然，平等同體不二。故以一切眾生皆得離苦得樂為原則之大慈大悲心為根本，起正信解，發大誓願，同證究竟真如。這就是所謂大悲菩提心。不以個人超出世間、脫離生死為滿足，這是大乘學佛人對於佛法之根本觀點。如能於諸法如理如量普遍覺悟，隨順法性，斷除煩惱；修行菩薩六波羅

可以無量無邊阿僧
祇說舍利弗眾生聞
者應當發願願生彼
國所以者何得與如
是諸上善人俱會一
處舍利弗不可以少
善根福德因緣得生
彼國舍利弗若有善
男子善女人聞說阿
彌陀佛執持名號若
一日若二日若三日
若四日若五日若六
日若七日一心不亂
其人臨命終時阿彌
陀佛與諸聖眾現在

蜜，四無量心，修到所謂「我等與眾生，皆共成佛道」的境界，這才是真正的滿足。因此，諸佛之所以能成佛，我等之所以要學佛，不為自求個己解脫，是要度盡一切眾生。大乘教理就是如此。

◎ 丙 行

在佛法裡所謂修行，有種種底型態和種種底方法，可歸納為數種如下：

1.戒律行，或曰律儀行：包括三皈、五戒、八戒、沙彌戒、比丘戒、菩薩戒、和真言密戒。普通人都知道佛教要先皈依佛、皈依法、皈依僧，此三皈依由師傳授。既受三皈，進而受五戒——不殺、不盜、不邪淫、不妄語、不飲酒。或短期加受八關齋戒。或進至沙彌等出家戒，再增上為通於在家出家之菩薩戒。真言密戒，是密宗特殊底戒條。比丘戒為具足戒，依此戒行而生定發慧證果，為錫蘭等處佛教徒修行之特色。

2.禪定行：由四禪、八定、五停心，以至如來禪、祖師禪，總名禪定行。修五停心觀，為聲聞乘入道之最初法門。一、不淨觀：觀身不淨之相，對治貪欲而心得停止。二、慈悲觀：對治瞋恚而心得停止。三、因緣觀：觀十二因緣三世因果相續之理，對治愚癡而心得停止。四、數息觀：應用計數呼吸，對治散亂而心得停止。五、念佛觀：念佛功德，對治業障而心得停止。由心

其人民無量無邊
僧祇劫故名阿彌陀
舍利弗阿彌陀佛成
佛已來於今十劫又
舍利弗彼佛有無量
無邊聲聞弟子皆阿
羅漢非是算數之所
能知諸菩薩眾亦復
如是舍利弗彼佛國
土成就如是功德莊
嚴又舍利弗極樂國
土眾生生者皆是阿
鞞跋致其中多有一
生補處其數甚多非
是算數所能知之但

得停止，而發色界之四根本禪，或無色界之四空定，則為修習禪定的過程。更有三乘大乘所修之種種三昧。至於如來禪，如楞伽經裡說：「云何如來禪？謂入如來地得自覺聖智相三種樂住，成辦眾生不思議事，是名如來禪。」圭峰在《禪源都詮序》也說：「若頓悟自心本來清淨，元無煩惱，無漏智性本來具足，此心即佛，畢竟無異；依此而修者，是最上乘禪，亦名如來清淨禪，亦名一行三昧，亦名真如三昧。此是一切三昧根本，若能念念修習，自然漸得百千三昧。達摩門下輾轉相傳者，是此禪也。」此以如來禪為至極之禪法，即是達摩所傳的宗旨。到了唐末，仰山更於如來禪之上立祖師禪的名目，以祖師禪為達摩所傳的心印。祖師禪又是什麼？不立文字，心心相印，祖祖相傳。以如來禪為教內所傳之禪，別以祖師禪為教外別傳之禪。《傳燈錄·仰山章》云：「師問香嚴：『師弟近日見處如何？』嚴曰：『某甲卒說不得。』乃說偈曰：『去年貧未是貧，今年貧始是貧，去年貧無卓錐之地，今年貧，錐也無！』仰曰：『如來禪，許師弟會；祖師禪未夢見在！』」祖師禪，是中國佛教徒修行之特色。

　　3.密咒行：這是真言秘密之法。中日所傳的以《毗盧遮那成佛經》、《金剛頂經》等為依，立十住心統攝諸法，建立曼荼羅；以修到三密、三業相應，即身成佛為旨。但西藏所傳則於此之上，更立無上瑜伽之五大金剛，而統以金剛大持為究竟。故密咒行為西藏佛徒修行之特色。

誠實言汝等眾生當
信是稱讚不可思議
功德一切諸佛所護
念經今利弗南方世
界有日月燈佛名間
元佛大燄肩佛須彌
燈佛無量精進佛如
是等恆河沙數諸佛
各於其國出廣長舌
相遍覆三千大千世
界說誠實言汝等眾
生當信是稱讚不可
思議功德一切諸佛
所護念經今利弗西
方世界有無量壽佛

李叔同　解　經

△隨求菩薩（明）

其前是人終時心不
顛倒即得往生阿彌
陀佛極樂國土舍利
弗我見是利故說此
言若有眾生聞是說
者應當發願生彼國
土舍利弗如我今者
讚歎阿彌陀佛不可
思議功德之利東方
亦有阿閦鞞佛須彌
相佛大須彌佛須彌
光佛妙音佛如是等
恒河沙數諸佛各於
其國出廣長舌相徧
覆三千大千世界說

4.淨土行：普通一般人，認為淨土，必就是念阿彌陀佛往生西方極樂淨土。然這不過是十方淨土中之一種淨土。凡十方諸佛、諸大聖菩薩都有攝化有緣之淨土，故有西方彌陀淨土，東方藥師淨土，乃至兜率內院彌勒淨土等。依諸佛菩薩依正莊嚴而起信發願修行者，皆名淨土行。於彌陀淨土行弘盛修習者，遍於中國、朝鮮、日本，而尤為日本佛徒修行之特色。

◎丁　果

由行到果，依上面的教理行可有四種：

1.信果：「信為道源功德母，長養一切諸善根。」而且，信為十一善心所之首。我們修學佛法，首先生起的就是決定究竟堅固的信心。由信心故而一心皈命佛法僧三寶為佛弟子，這是成為佛徒的共同基本。通於在家出家七眾。

2.戒果：學佛人先具信心皈依三寶，進而依法實行，必須受持五戒、八戒；乃至出家具足比丘僧戒。嚴淨毗尼，淨修梵行，實踐躬行；而以比丘僧為能具足戒德，故由前面信果有了信佛的徒眾；由此持戒果，才有了住持佛法的僧寶。

千世界說誠實言汝
等眾生當信是稱讚
不可思議功德一切
諸佛所護念經合利
弗下方世界有師子
佛名間浮法幢佛持
法佛名等恆河沙數諸
如是等恆河沙數諸
佛各於其國出廣長
舌相徧覆三千大千
世界說誠實言汝
等眾生當信是稱讚不
可思議功德一切諸
佛所護念經合利弗
上方世界有梵音佛

李叔同解經

3.定果：學佛法不是有了信心和戒行就算完成了，還要有禪定。由散心而定心，要修習禪定。由天乘禪定而三乘、大乘種種止觀，故成就定果之三賢、七賢行位。此為成就出世聖果的必經階段。

4.慧果（一名智果）：再進一步說，出世聖人不是平凡的，要有特殊的超人的智慧發明才行。所謂由加行無分別慧，進而成就三乘共般若慧、大乘不共般若之聖智；證得初果以上及初地以上的果位，乃至成佛一切智智果。

綜合以上所述的教、理、行、果，可以知道一切佛法的綱要。故大覺世尊一代言教，不出教、理、行、果。因教顯理，依理起行，由行克果：四法收之，無所不盡。

○ 三 顯經宗

從各種佛經的意義，來觀察《彌陀經》的宗旨。特從天臺宗、賢首宗中所謂體宗用三方面，提出其重要的意義為證。

甲，彌陀佛土為體：在古來大德門，多以真如實相為經體，然這等於是通明一切法之體；實在不能表現出此經特殊精神來！此經應以阿彌陀佛所成就正報依報功德莊嚴為主體。或曰彌陀佛土為體。

長舌相徧覆三千大

諸佛各於其國出廣

佛如是等恆河沙數

難沮佛日生佛網明

有彼肩佛最勝音佛

經舍利弗北方世界

德一切諸佛所護念

是稱讚不可思議功

實言汝等眾生當信

三千大千世界說誠

國出廣長舌相徧覆

河沙數諸佛各於其

佛淨光佛如是等恆

大焰肩佛大明佛寶相

無量相佛無量幢佛

乙，往生不退為宗：根據此體而顯示一種趨向的目標，那就以往生西方得不退轉為宗。因往生西方，永斷生死，滅除煩惱，得到不退轉位。蓋以彼土的環境增上、人事殊勝故也。淨土法門的真實不可思議，就在此。

丙，信願行為用：再從用的方面講，即信願行三個字，完全顯出淨土法門的重要事行。若沒有信心，則不與彌陀佛土發生關係，亦不能接受此法之意旨。所以修淨土法門，先從「信心」起。有了信心必須要發願，沒有堅決的志願，則不易成功其往生。同時還要有「行」。這行，即是惡止善行，持名念佛。有此力行，則可以達到最高目的地，以完成所信願之事。

蓋從印度流傳到中國的第二時期大乘佛法中之彌陀淨土法門，稱為難信之法。若無信心與志願，任憑如何行持，亦與西方彌陀本願無關。故總合信願行，以表明此經之最究竟的功用。

○ 釋經

◎ 甲一　敘證分

如是我聞：一時，佛在舍衛國祇樹給孤獨園，與大比丘僧千二百五十人俱。皆是大阿羅漢，眾所知識：長老舍利弗、摩訶目

若已生若今生若當
觀三菩提於彼國土
退轉於阿耨多羅三
者是諸人等皆得不
願欲生阿彌陀佛國
已發願今發願當發
所說舍利弗若有人
當信受我語及諸佛
是故舍利弗汝等皆
耨多羅三藐三菩提
念皆得不退轉於阿
為一切諸佛之所護
諸善男子善女人皆
者及聞諸佛名者是
善女人聞是經受持

李叔同　解經

犍連、摩訶迦葉、摩訶迦旃延、摩訶俱絺羅、離婆多、周利槃陀伽、難陀、阿難陀、羅睺羅、憍梵波提、賓頭盧頗羅墮、迦留陀夷、摩訶劫賓那、薄拘羅、阿㝹樓馱，如是等諸大弟子，並諸菩薩摩訶薩：文殊師利法王子、阿逸多菩薩、乾陀訶提菩薩、常精進菩薩，與如是等諸大菩薩。及釋提桓因等，無量諸天大眾俱。

　　一般經典的體裁，在前有證信，有緣起。這《彌陀經》，只有證信，卻無緣起。然這於經典內容的真理，無關緊要。凡經典前的敘證分，特列五種證信。此敘證分，古來菩薩造論，有二種解釋法不同；龍樹《大智度論》說有六種成就，親光論師《佛地經論》說五種證信。如是，不是一獨立名詞，是結集經典之佛弟子阿難指如此的一部經言。以如此的《佛說阿彌陀經》，是我阿難親自聽聞到的。佛說法談經，非對阿難一人講說，同時還有文殊、彌勒諸大菩薩，及諸聲聞、人、天大眾，都亦在座，都有見、聞、覺、知的機會。而欲謀佛所說法永久的流通於世，起信於世，非要記錄的人來證明是親聞不可。故結集此經的佛弟子，在經前加上如是我聞一句。什麼是我聞呢？聞是耳根對聲境、發耳識的作用。所以說我聞者，是顯親聞；表示親切確實聞到，非道聽途說。這是第一種的親聞證信。

　　一時，這是列舉說法的時間。為什麼在佛經裡沒有一定的時日呢？這因為佛的說法，遍在天上、人間，天上、人間的時間都不一樣──天上一畫

宿王佛香上佛香光
佛大燄肩佛雜色寶
華嚴身佛娑羅樹王
佛寶華德佛見一切
義佛如須彌山佛如
是等恆河沙數諸佛
各於其國出廣長舌
相徧覆三千大千世
界說誠實言汝等眾
生當信是稱讚不可
思議功德一切諸佛
所護念經舍利弗於
汝意云何何故名為
一切諸佛所護念經
舍利弗若有善男子

夜，人間千百年。而且、人世間的曆法也不同樣：佛在印度說法，印度自有他們的曆法。比方我們中國，從前是用陰曆，現在是用陽曆。今天是陰曆四月初八，但陽曆已經到了五月十號。在我們東方亞洲，剛剛天黑是夜晚，在西方美洲才將天亮是早晨。地球是行動的，時間的距離得這麼遠，差別這麼多，故祇好籠統的說個「一時」了。況且，佛是對機說法，這一時，也即是機教相印之時；此一經說聽俱畢之時。這是第二種的說時證信。

佛，雖遍通十方諸佛，但此時此地說法的佛，唯是釋迦牟尼佛。所有一切法，以釋迦佛為根本師。而此極為難信之法之西方淨土法門，確是從教主釋迦佛親口宣說，釋迦為此法能說之主。此為第三種說主成就。

舍衛國、祇樹給孤獨園，是釋迦佛說法處。是佛在世時，印度中天竺而近於北天竺之一國。舍衛國的釋義是豐德，以此國王及太子、百官、長者、居士等，德風名聞於世。故佛常在此舍衛國說法。祇樹給孤獨園的來源，在各種經典都有很詳細的解說，由祇陀太子和給孤獨長者，愛護佛法的心殷情切，施金購地，建築偉大莊嚴的說法場。故此園之立名，為紀念二位施主的德風。

有了說法的時間和地點，又有了說法的人，則應有聽法的大眾，所謂大比丘僧一千二百五十人。這表示佛說法時，非是結集者一人聽法，故特列出

舍利弗當知我於五
濁惡世行此難事得
阿耨多羅三藐三菩
提為一切世間說此
難信之法是為甚難
佛說此經已舍利弗
及諸比丘一切世間
天人阿修羅等聞佛
所說歡喜信受作禮
而去

佛說阿彌陀經

二十五年龍集丙子季春
古滬月荒刹院敬書恭記
主奉日光宗住八為記念
惠安大本嚴寺沙門一音

與同聞法的大眾來證明。如我們普通開會記錄一樣，有月日時間、地點、主席、記錄、出席人數。有了五種條件，方可憑信，方可啟示後人的信仰。故今日開會議的條例，在二千多年前，佛經上早已實行到很完備了。

比丘者，意謂乞士：上從如來乞法以資慧命，下就俗人乞食以資身命。而且比丘常隨佛學，所以比丘還有破惡、怖魔等義。常隨佛同住此園中的比丘僧，有一千二百五十人。僧者，僧伽之略稱。梵云僧伽，此釋曰和合眾。《智度論》云：「僧伽、秦言眾。多比丘一處和合，是名僧伽」。故僧伽即和合眾。所謂六和合僧，完全以戒律為規範，內外悉皆和合。阿羅漢有多義：一、殺煩惱賊，二、應受人天供養，三、不再受生死等。然以應字為本義。所謂應已不受生死等，法華論說十九應義是也。

眾所知識，是人天大眾、一切四眾、八部等眾無不知道。在這為群眾所知識的大阿羅漢中的首領，都是年德俱長，為眾所尊的佛教耆老。十六位大弟子，各有其特殊的能力與形相，現在略述如下：一、舍利弗，譯鶖子，智慧第一。二、目犍連，譯采菽氏，神通第一。三、迦葉，譯大龜氏，頭陀第一。四、迦旃延，譯文飾，論義第一。五、俱絺羅，譯（大）膝。六、離婆多，是二十八宿中的室宿之名，父母因祈此星而生故。或譯曰假和合，因為他遇到兩個鬼爭屍，即悟人身假和合之理，為出家得道的因緣。七、周利槃陀伽，譯曰繼道。父母旅行，至中路生長子、曰槃特，後又於路上生一子，

生定故舍利弗諸善男子善女人若有信者應當發願生彼國土舍利弗如我今者稱讚諸佛不可思議功德彼諸佛等亦稱讚我不可思議功德而作是言釋迦牟尼佛能為甚難希有之事能於娑婆國土五濁惡世劫濁見濁煩惱濁眾生濁命濁中得阿耨多羅三藐三菩提為諸眾生說是一切世間難信之法

曰周利槃特。槃特為路之義，周利槃特乃小路之義，兄聰明，弟愚鈍。慈恩阿彌陀經疏云：「周利槃陀迦者，不思議經翻為繼道……以兄弟相繼於路邊生，兄名路邊，弟名繼道。」八、難陀，是善歡喜的意思。又名牧牛難陀，與佛之親弟孫陀羅難陀有分別。因問佛放牛十一事，知佛具一切智，出家獲阿羅漢果。九、阿難陀，譯慶喜，多聞第一。他和迦葉為佛左右侍者，站在上首的是迦葉，站在下首的是阿難。佛在涅槃時，遺囑他結集經典，先說「如是我聞」等。十、羅睺羅，譯覆障。在母胎六年，這是給他夙生填塞老鼠洞六天的果報。但他能知他人不知道的佛意，故稱他密行第一。十一、憍梵波提，譯曰牛齝。他以夙業，吃飯作牛齝，因此佛令在天上應供，免在人間受人譏笑。十二、賓頭盧頗羅墮，永住於世，現白頭長眉相貌者是。賓頭盧是不動，頗羅墮是捷疾。此人原為拘舍彌城優陀延王之臣。王以其精進，使之出家，證得阿羅漢果。而對於白衣妄弄神通，為佛呵責，不得住於閻浮提此人間界，使他往化西瞿耶尼洲。後來閻浮提信佛之四眾弟子，思欲見他，佛許之，而不許其入於涅槃，使永住於南天之摩梨山，度佛滅後的眾生。在法住記、雜阿含經，都有講到。十三、迦留陀夷，譯黑曜、黑光。因為身雖黑而有光。婆羅門種，悉達太子在宮時之時。出家為比丘，六群比丘之一。其身極黑，夜行乞食，孕婦於黑電光中，見謂黑鬼，怖而墮胎。乃謂之曰：汝何鬼耶？答曰：我瞿曇弟子，今來乞食，彼女人發聲惡罵。如來知之，敕比丘：從今而後不得過中食，不得預乞食。十四、劫賓那，譯曰房宿。憍薩羅國人，解知星宿第一。十五、薄拘羅，譯曰善容。佛弟子中容貌最好。薄拘羅經云：「我於此正法律中學道以來，八十年未曾有病乃至彈指頃頭痛者。未曾憶服藥乃至一片訶梨勒（果名）。」十六、阿㝹樓馱，譯如意無貧。為佛之從弟；在過去曾以菴摩羅果供養佛，得多生無貧，故名。

　　如上面列舉的十六位大比丘僧，阿羅漢中之最有德望的代表，為大眾都知道者。在下面再把在會共同聞法的諸大菩薩，

△弘一法師繪羅漢圖

李叔同　解經

△大勢至菩薩（明）

列出幾位代表來。

　　菩薩，是覺有情的意思。一方面在覺悟一切有情眾生，發起大悲救世利人之願力；一方面在承受無上正遍覺如來大法。所謂上求下化，難行能行，就是菩薩。如果吾人能依佛法真理而行，則吾人即可稱為菩薩。但從淺而深、從小至大，程度不一：有十信位，三十賢位，十地位，到十地後始稱為等覺菩薩。在這法會之中聞法的諸大菩薩首領，有文殊師利，譯妙吉祥，在一切法會獨稱法王子；諸菩薩之中智慧第一，能教化菩薩斷一切分別而得無分別智。阿逸多，即是彌勒菩薩；彌勒是姓，阿逸多是名，譯無能勝；一生補處，因他候補著釋迦牟尼佛的地位。乾陀訶提，譯不休息；與常精進二菩薩，顯此淨土法門中執持名號，一日至七日勇猛精進不休息。故此淨土法門殊勝，非智慧不得其門而入，非精不能完成佛道。若能智慧與精進雙具，則西方雖路遠，境界在眼前。

　　在法會中的聞眾，還有釋提桓因天人等。他是三十三天的天主，而又管理人間事，此為天龍八部之上首，亦即天人聞法大眾的代表。

◎ 甲二　示說分

◎ 乙一　正示體相

◎ 丙一　總標依正功德

　　爾時，佛告長老舍利弗：「從是西方過十萬億佛土，有世界名曰極樂，其土有佛號阿彌陀，今現在說法。」

　　在這示說分中，正是顯示阿彌陀依正莊嚴的功德而廣為眾說。所謂正示體相，以彌陀佛依正莊嚴為體相。彌陀是正報，

△弘一法師繪羅漢圖

李叔同解經

△十方佛之二（清）

右第十三
持地菩薩像

△持地菩薩（明）

△天藏菩薩（明）

極樂是依報。這正報和依報的功德相，本師釋迦牟尼不待放光現瑞，不待請問，無問而自說。告訴長老舍利弗，你們要知道：從我們這個娑婆世界往西方，經過十萬億佛土——一佛土是一個三千大千世界，經過十萬億個三千大千世界——有一世界叫極樂世界。何謂極樂？無生死、煩惱、痛苦、無一切危險；只有快樂。在這極樂世界中有一位佛，而且現在正在說法，名阿彌陀佛。阿彌陀譯無量，含無量光、無量壽等多義，無不圓滿。

◎ 丙二 別釋依正功德

◎ 丁一 依報功德

◎ 戊一 總顯名義

「舍利弗！彼土何故名為極樂？其國眾生，無有眾苦，但受諸樂，故名極樂。」

我們娑婆世界之苦很多，而且苦不堪言！欲界有三苦：一、苦苦，由苦事之來而生苦惱。二、壞苦，由樂事之去而生苦惱。三、行苦，行者遷流之義，由一切法之遷流無常而生苦惱。色界有壞苦、行苦。無色界有行苦。總之、我們三界之內，尤其欲界裡面都是苦。或說七苦：生、老、病、死苦，求不得苦，怨憎會苦，愛別離苦。還有那地獄、餓鬼、畜生三惡道的苦，淒慘得可憐！

但是西方極樂世界呢，一切苦不但沒有，而且一切都是快樂。因為他們的人民都是阿鞞跋致的不退轉菩薩。壽命無量，故無行苦；常與諸上善人俱會一處，常見佛聞法，故無壞苦；西方世界為蓮花化身，極其清淨，故無苦苦。無一切苦，名曰極樂。

△弘一法師繪羅漢圖

李叔同解經

◎ 戊二 別彰德相

「又、舍利弗！極樂國土：七重欄楯，七重羅網，七種行樹，皆是四寶周匝圍繞，是故彼國名為極樂。」

這是頌揚地上和空中的莊嚴功德的德相。所謂七重，顯有七覺支所成就的功德。金、銀、琉璃、玻璃，叫作四寶。極樂世界人民住處，皆是四寶周匝圍繞著整個的國土。以表彌陀用慈悲喜捨四攝法，來攝受一切眾生。

「又、舍利弗！極樂國土：有七寶池，八功德水充滿其中；池底純以金沙布地。四邊階道，金、銀、琉璃、玻璃合成。上有樓閣，亦以金、銀、琉璃、玻璃、硨磲、赤珠、碼瑙而嚴飾之。池中蓮華大如車輪，青色青光、黃色黃光、亦色赤光、白色白光，微妙香潔。舍利弗！極樂國土成就如是功德莊嚴。」

七寶：金、銀、琉璃、玻璃、硨磲、赤珠、瑪瑙。池是蓮池，清淨大海眾的蓮池。這是從寶的功德莊嚴相上而言。八功德水：一者、澄清，二者、清冷，三者、甘美，四者、輕軟，五者、潤澤，六者、安和，七者、飲時除飢渴等無量過患，八者、飲已定能長養諸根四大增益。這是水的功德相。在西方極樂世界的七寶池中，皆充滿八功德水。池的四面階道，以及亭臺樓閣的建築物，皆是金銀等寶物嚴飾起來的。可謂有美皆備，極其華貴了。

在這七寶池裡有各種的蓮花，形之大小，色之白黃，這都視眾生的淨業如何，而定其往生化身的花之形色、及其體質的微妙、其氣味的香潔。

「又、舍利弗！彼佛國土，常作天樂；黃金為地；晝夜六時，雨天曼陀羅華。其土眾生，常以清旦，各以衣裓盛眾妙華，供養他方十萬億佛。即以食時還到本國，飯食經行。舍利弗！極樂國土成就如是功德莊嚴。」

在天空中有很多的天樂，晝夜的奏著。並且天空中還有很多的曼陀羅花散灑下來。曼陀羅花是適意花。西方的人民，他們每天早晨，各以衣襟裝著微妙香潔的最適意的曼陀羅花，拿去供養他方國土裡面的諸佛。學佛之人，首先要供養恭敬十方佛；即是供養恭敬自性佛，成功自性佛的功德，莊嚴自性佛的國土。

「復次、舍利弗！彼國常有種種奇妙雜色之鳥：白鶴、孔雀、鸚鵡、舍利、迦陵頻伽共命之鳥。是諸眾鳥，晝夜六時出和雅音，其音演暢五根、五力、七菩提分、八聖道分，如是等法。其土眾生聞是音已，皆悉念佛、念法、念僧。舍利弗！汝勿謂此鳥實是罪報所生。所以者何？彼佛國土無三惡道。舍利弗！其佛國土尚無惡道之名，何況有實？是諸眾鳥，皆是阿彌陀佛欲令法音宣流，變化所作。」

這是明花鳥宣流法音而莊嚴國土。這些鳥，是人間最希貴的，很少見的，或完全沒有見過。而在西方卻多得很，如白鶴、孔雀、鸚鵡等。舍利名鷲鳥，迦陵頻伽名妙音鳥。這些鳥音能代佛說法，說三十七道品之五根、五力、七菩提分、八聖道分之法：

甚麼叫五根呢？一、信根：於諸諦理，信忍樂欲。二、進根：信諸法故，倍策精進。三、念根：於正助道，憶念不忘。四、定根：攝心正助，相應不散。五、慧根：以觀自照，抉擇分明。

甚麼叫五力呢？一、信力：信根增長故，能破疑障。二、進力：進根增長故，能破懶怠。三、念力：念根增長故，能破昏忘。四、定力：定根增長故，能破散亂。五、慧力：慧根增長故，能破愚癡。

△弘一法師繪羅漢圖

甚麼叫七菩提分？一、念：心沉時，念用擇、進、喜以起之；心浮時，念用輕安、定、捨以攝之，覺令定慧均等。二、擇：觀諸法時，善能覺了，揀別真偽：不謬取於虛偽法故。三、進：修道法時，善能覺了正不正行；不謬行無益苦行故。四、喜：心得法喜時，善能覺了；不隨顛倒之法而生喜故。五、輕安：斷除身口粗重故，亦為滅除諸見煩惱故。亦名為猗，柔順而無強暴故。六、定：發諸三昧時，善能覺了諸禪虛假不生見愛故。七、捨：捨所緣境界時，善能覺了，捨離虛偽，不生追憶故。

甚麼叫八聖道分？一、正見：明見四諦，無有錯誤故。二、正思惟：以正思惟，發動四諦觀故。三、正語：以無漏智，常攝口業，住於善語故。四、正業：以無漏智，除身邪業，住於清淨正身業故。五、正精進：勤修正諦，趣涅槃故。六、正定：正住於理，決定不疑故。七、正念：念正助道，心不動失故。八、正命：以無漏智通，除三業中五種邪命，當知止足，住於清淨正命故。

因為是鳥鳴花香，都是說法──三十七道品法。故國土之內的眾生，沒有別的妄念邪念生起，只知道念佛、念法、念僧──念三寶等正念。本師釋迦牟尼佛，唯恐世人有所疑惑，鳥為禽獸罪報所成，為什麼西方淨土也有鳥呢？我們要知道：西方極樂土沒有諸苦報，更沒有三惡道。這些鳥，從彌陀大悲心所變現的鳥。因為鳥飛行無礙，取其飛行無礙，而宣流法音於無方啊！

「舍利弗！彼佛國土，微風吹動諸寶行樹及寶羅網，出微妙音！譬如百千種樂，同時俱作。聞是音者，自然皆生念佛、念法、念僧之心。舍利弗！其佛國土成就如是功德莊嚴。

在上面講過，西方陸地上有七重行樹，虛空中有七重羅網。微微的風，吹動了樹林發出來的音聲，如同百千種類音樂一樣，多麼好聽可愛！以佛的成就功德和大悲願力，設備一個最好的環境，令往生者無有厭苦之心念。

△二十四諸天（明）

◎ 丁二 正報功德

「舍利弗！於汝意云何？彼佛何故號阿彌陀？舍利弗！彼佛光明無量，照十方國，無所障礙，是故號為阿彌陀。

西方正報主之阿彌陀，何故叫作阿彌陀？阿彌陀意謂無量光，因為佛光無量。佛所現的功德相上之光明無有障礙，故極樂和娑婆等世界無量眾生，一切時、一切處都在彌陀佛的佛光照攝之中；這是彌陀佛的特有功德相。

「又、舍利弗！彼佛壽命及其人民，無量無邊阿僧祇劫！故名阿彌陀。舍利弗！阿彌陀佛成佛已來，於今十劫。」

阿彌陀，還有一種意義，即是無量壽。從壽命上講，阿彌陀及西方人民的壽命是無量無邊無數劫。故名之曰阿彌陀。

前面所說的無量壽、無量光、無量佛弟子，這都是阿彌陀佛無量功德所成就。凡是往生西方的一切眾生，都是不退轉；而一切眾生企求往生西方之目的亦在此不退轉。此為往生淨土最要義。但一切眾生往生西方非即是成佛，不過為他們轉移一個較好的環境，俾可修行不退而已。

「又、舍利弗！彼佛有無量無邊聲聞弟子，皆阿羅漢，非是算數之所能知。諸菩薩眾，亦復如是。舍利弗！彼佛國土成就如是功德莊嚴。又、舍利弗！極樂國土，眾生生者，皆是阿鞞跋致；其中多有一生補處。其數甚多，非是算數所能知之，但可以無量無邊阿僧祇說。」

△弘一法師繪羅漢圖

佛光無量！佛壽無量！還有呢？佛弟子也是無量！

「舍利弗！眾生聞者，應當發願，願生彼國。所以者何？得與如是諸上善人，俱會一處。」

既然明白了西方的依報和正報有如此的好處，故勸請一切眾生，應該趕快的發願往生，不可錯過！

◎ 乙二 合明宗用

在示說分裡，全文分二：一、正示體相，就是以彌陀依正功德莊嚴為體相，在上面已經講完了。以下就是第二種合明宗用——以往生不退為宗用。

◎ 丙一 寄用明宗

◎ 丁一 正說行願寄顯往生

「舍利弗！不可以少善根福德因緣，得生彼國。舍利弗！若有善男子、善女人，聞說阿彌陀佛，執持名號：若一日、若二日、若三日、若四日、若五日、若六日、若七日，一心不亂；其人臨命終時，阿彌陀佛與諸聖眾現在其前。是人終時，心不顛倒，即得往生阿彌陀佛極樂國土。舍利弗！我見是利，故說此言：若有眾生聞是說者，應當發願，生彼國土。」

這裡是說發願持名，就可以往生西方證不退轉。不可以少善根福德因緣這句話，或謂必要有五根、五力、七菩提分、八聖道分等出世的無漏善根福德為增上，才容易往生的。那末、往生西方，誠非易事。要修集很多善根，具足菩薩十信、十住、十行、十回向的福德智慧資糧，如龍樹的位登初地，才能夠往生。然若能聞此難信之法，又能行此難行之法，皆是已經有了很多善根福德因緣的人。故聞此經者，若能如法一心稱念南無阿彌陀佛，就可以

往生。此經文與佛說淨土之本懷最相吻合。況彌陀佛土,善巧方便,有九品往生,就是臨終起信稱佛十念的,亦可隨願力帶業往生。若能信心念佛,一心不亂,念念無有間斷,能經過七日時間,命終決定往生。

我們腳踏實地的去信心念佛,執持名號;名號即心境,我們意識心完全以佛號為境。佛即心,心即佛,無二亦無別,就證得念佛三昧。在修持上有這麼的經驗,到了臨終,自然平平安安的一點雜念也沒有,往生西方,位居不退。只要我們信願持名,決定證得這種不可思議的境界。這是釋迦如來親自見到這種真實利益,勸南閻浮提的眾生,應該趕快的發願,往生西方,得不退轉:是此經之宗用所在。

◎ 丁二 廣歎當信寄彰不退

關於此經分科,各有其見解之不同,此點頗堪注意。古人多有以此六方諸佛稱讚,列在流通分裡去了。但我卻以為此六方諸佛的讚揚,是為了勸信;應屬於正宗分。為什麼?六方佛之所以廣為稱讚,是勸信釋迦所說極為難信之法。若無信的心念,何能發願往生以得到不退轉的地位?同時、亦明釋迦說此難信之法,亦為十方諸佛同說。佛佛道同,應該人人深信讚揚。要得眾生信,除非佛讚佛。

◎ 戊一 諸佛讚歎勸信

「舍利弗!如我今者,讚歎阿彌陀佛不可思議功德之利。」

這是總說。西方阿彌陀佛依正功德果報利益,除我釋迦讚揚之外,如同我一樣的稱讚者,還有六方諸佛。

△弘一法師繪羅漢圖

李叔同解經

◎ 己一 東方

「東方亦有阿閦鞞佛、須彌相佛、大須彌佛、須彌光佛、妙音佛，如是等恆河沙數諸佛；各於其國，出廣長舌相，遍覆三千大千世界，說誠實言：汝等眾生，當信是稱讚不可思議功德，一切諸佛所護念經！

阿閦鞞佛，釋曰無動或不動。須彌佛等，是形容佛的相貌有須彌山的高大。妙音佛，顯佛說法音聲極其微妙。恆河，是印度的大河，如中國的長江、黃河一樣。佛說法，總是以恆河裡的沙數來譬喻。廣長舌相，是從不妄語中來。現在人的舌頭短，不但不能遍覆三千大千世界，而且連自己面孔也遮蓋不起來，也許是眾生多劫來的妄語太多了。

◎ 己二 南方

「舍利弗！南方世界，有日月燈佛、名聞光佛、大焰肩佛、須彌燈佛、無量精進佛，如是等恆河沙數諸佛；各於其國，出廣長舌相，遍覆三千大千世界，說誠實言：汝等眾生，當信是稱讚不可思議功德，一切諸佛所護念經！」

◎ 己三 西方

「舍利弗！西方世界，有無量壽佛、無量相佛、無量幢佛、大光佛、大明佛、寶相佛、淨光佛，如是等恆河沙數諸佛；各於其國，出廣長舌相，遍覆三千大千世界，說誠實言：汝等眾生，當信是稱讚不可思議功德，一切諸佛所護念經！」

西方無量壽佛，即是阿彌陀佛。也可以說另外一個阿彌陀佛。又可以說即是阿彌陀佛自己稱自己。因為佛的果德，如果自己不表露出來，則眾生不瞭解。非要這樣，才可以起人正信。

◎ 己四 北方

「舍利弗！北方世界，有焰肩佛、最勝音佛、難沮佛、日生佛、網明佛，如是等恆河沙數諸佛；各於其國，出廣長舌相，遍覆三千大千世界，說誠實言：汝等眾生，當信是稱讚不可思議功德，一切諸佛所護念經！」

◎ 己五 下方

「舍利弗！下方世界，有師子佛、名聞佛、名光佛、達摩佛、法幢佛、持法佛，如是等恆河沙數諸佛；各於其國，出廣長舌相，遍覆三千大千世界，說誠實言：汝等眾生，當信是稱讚不可思議功德，一切諸佛所護念經！」

◎ 己六 上方

「舍利弗！上方世界，有梵音佛、宿王佛、香上佛、香光佛、大焰肩佛、雜色寶華嚴身佛、娑羅樹王佛、寶華德佛、見一切義佛、

△多寶佛（清）

李叔同《解經》

如須彌山佛，如是等恆河沙數諸佛；各於其國，出廣長舌相，遍覆三千大千世界，說誠實言：汝等眾生，當信是稱讚不可思議功德，一切諸佛所護念經！」

◎ 戊二 護念不退勸信

「舍利弗！於汝意云何？何故名為一切諸佛所護念經？舍利弗！若有善男子、善女人聞是經受持者，及聞諸佛名者，是諸善男子、善女人，皆為一切諸佛之所護念；皆得不退轉於阿耨多羅三藐三菩提。是故舍利弗，汝等皆當信受我語，及諸佛所說。」

我現在所說的《彌陀經》，常為一切諸佛之所護持憶念不忘的一部經。如果聽聞此經或讀誦此經，或念阿彌陀佛的人，亦為諸佛之所護念。所謂善男子，是指能夠來聽經聞法者，都是有善根的人。既有善根，諸佛常憶念在心頭，如同好的子女一樣，父親時時刻刻總是記掛著。我們現在為佛護念、攝受、化導、加被，將來一定得到不退轉的地位。如同世俗人有了大勢力力人的保護，如不十分墮落，必不會弄到無辦法的境界。我們學佛的人最低限度總要先保持人的地位，終要一步進一步，千萬不要向後退。阿耨多羅三藐三菩提，即無上正遍覺。凡夫、外道無正覺，二乘正覺不遍，菩薩正遍覺而非無上，唯佛上正遍覺。

◎ 丙二 歸宗示用

「舍利弗！若有人已發願，今發願，當發願，欲生阿彌陀佛國者，是諸人等，皆得不退轉於阿耨多羅三藐三菩提；於彼國土，若已生、若今生、若當生。是故舍利弗！諸善男子、善女人，若有信者，應當發願生彼國土。

若人發願往生西方，得不退轉，是此經目的之所在。發願後要修行。然此法行之甚易，而極為難信。如果有了信心，有了誓願與力行，雖五逆、十

惡的眾生，也可以往生。如果沒有信願，縱然念佛，也等如唱歌，拜佛也等如遊戲一樣，得不到什麼功用。老實說，彌陀佛土，要憑誠實信心和懇切誓願才可以取證得到。無疑的、這不是玩弄世間聰敏的事。

◎ 甲三 流通分

◎ 乙一 讚佛重法

「舍利弗！如我今者，稱讚諸佛不可思議功德；彼諸佛等，亦稱讚我不可思議功德，而作是言：『釋迦牟尼佛，能為甚難稀有之事！能於娑婆國土，五濁惡世 —— 劫濁、見濁、煩惱濁、眾生濁、命濁 —— 中，得阿耨多羅三藐三菩提，為諸眾生說是一切世間難信之法。』舍利弗！當知我於五濁惡世，行此難事，得阿耨多羅三藐三菩提，為一切世間說此難信之法，是為甚難！」

在《藥師經》裡亦稱讚有緣眾生皆可往生。然稱讚依報莊嚴、正報光明等等，不如此經之切。此釋迦讚彌陀等十方諸佛；同時呢，十方諸佛亦稱讚釋迦在五濁惡世能成就佛果，並說此難信之法，甚為稀有，甚為難得！怎麼叫五濁？一、劫濁，時間促短。二、見濁，眾生邪知邪見。三、煩惱濁，貪、嗔、癡三種根本煩惱熾盛。四、眾生濁，世間雜色眾生，異類同居。五、命濁，往往有很多人，出母胎嗚呼哀哉！或二十、三十，或者互相爭鬥殘殺、慘害、不能盡其天命。

在這五濁惡世時代，大雄大力大勇猛的釋迦，能得無上正等正覺；難怪為十方諸佛所稱讚。而且、我們說的話，隨眾生歡喜而說，尚不為難；釋迦說令人難信之法，實非大智慧大勇猛不能做到。故諸佛讚歎以顯文佛功德，亦即是顯了法之功德。如果我們猶不能欣喜信受，則未免有負世尊之悲懷呵！

△弘一法師繪羅漢圖

◎ 乙二 結眾喜信

佛說此經已，舍利弗及諸比丘，一切世間天、人、阿修羅等，聞佛所說，歡喜信受！作禮而去。

此為結經者的敘文，而形容法會道場人眾之歡喜氣象。若心不歡喜，則沒有這樣的表示與敬信。自己奉行，廣勸化導一切人類及眾生奉行。

西方淨土法門，既蒙十方諸佛出廣長舌讚揚顯示，我們應當信仰、發願、一心不亂的修持。而此淨土法門，以念佛——南無阿彌陀佛為總持。但有很多人，發生了不少的疑障，比方法性宗的或禪宗的人，以為一切法空，十方佛土及眾生亦一切皆空；何必分別淨與穢呢？禪宗以明心見性為宗旨，如果不明心見性，縱到西方國土之外，也還是一個凡夫。此種疑障，古師多已有解釋者。近人印光法師的提倡念佛求生淨土，亦能振厥遺風。但法相唯識學者和密宗信徒，對於淨土法門的非難攻擊，則非古師及印師所能解釋。近來劉淨密居士著《應用唯識理決定往生淨土論》，對於不徹底的唯識學者和密宗信徒，加以破斥，予以糾正。闡明淨土法門和唯識及密宗的修習上，很有切要的關係。本來、一切佛法都有關係的，

△十方佛之一（清）

故學佛人不應有偏見！

我見有很多人，專究唯識，不修淨土；或先修淨土，後修密法，於是把淨土法門完全毀棄。在這裡、我應該奉勸一聲：念阿彌陀佛修淨土法門的諸上善人，你們應該堅決你們的信願，別要被環境把你們的思想轉移了！

現在世界，天災人禍的嚴重，已經到了極點；尤其是我們的中國。故在這丙子息災法會道場，以求息災，為眾宣說阿彌陀經。因為災禍從多緣生，非一緣可息；故以無量善因而息無量惡災。希人人把原有的善根福德重新提起，大家一心淨念，這是在消極方面說。在積極方面講，我們要以大悲心為本，普為眾生拔除痛苦。如是念佛，則不僅息災，還可以增長世間人一切福德。希望法會大眾，都能作如是迴向！

△弘一法師繪羅漢圖

南無大日遍照佛

南無踰城世尊佛

弘一法師說佛

豐子愷

關於對佛教的誤解

佛教傳入中國，已有一千九百多年的歷史，所以佛教與中國的關係非常密切。中國的文化、習俗，影響佛教，佛教也影響了中國文化習俗，佛教已成為我們自己的佛教。但佛教是來自於印度，印度的文化特色，有些是中國人所不易明瞭的，受了中國習俗的影響，有些是不合佛教的本意的。所以佛教在中國，信佛法的與不相信佛法的人，對於佛教，每每有些誤會，不明佛教本來的意義，發生錯誤的見解，因此相信佛法的人，不能正確的信仰；批評佛教的人，也不會批評到佛教本身。我覺得信仰佛教或者懷疑評論佛教的人，對於佛教的誤解應該先要除去，才能真正的認識佛教。現在先提出幾種重要點來說，希望大家能有正確的見解。

一、由於佛教教義而來的誤解

佛法的道理很深，有的人不明白深義，只懂得表面文章，隨便聽了幾個名詞，就這麼講，那麼說，結果不合佛教本來的意思。最普遍的，如：「人生是苦」、「出世間」、「一切皆空」等名詞，這些當然是佛說的，而且是佛教重要的理論，但一般人很少能正確瞭解它，現在分別來解說：

㈠人生是苦

佛指示我們，這個人生是苦的，不明白其中的真義的人，就生起錯誤的觀念，覺得我們這個人生毫無意思，因而引起消極悲觀，對於人生應該怎樣努力向上，就缺乏力量，這是一種被誤解得最普遍的，社會一般人每拿這消極悲觀的名詞，來批評佛教，而信仰佛教的，也每陷於消極悲觀的錯誤，其實「人生是苦」這句話，絕不是那樣的意思。

凡是一種境界，我們接觸的時候，生起一種不合自己意趣的感受，引起苦痛憂慮，如以這個意思來說苦，說人都是苦的，是不夠的，為什麼呢？因為人生也有很多快樂事情，聽到不悅耳的聲音固然討厭，可是聽了美妙的音調，不就是歡喜嗎！身體有病，家境困苦，親人別離，當言是痛苦，然而身體健康，經濟富裕，闔家團圓，不是很快樂嗎！無論什麼事，苦樂都是相對的，假如遇到不如意的事，就說人生是苦，豈非偏見了。

那麼，佛說人生是苦，這苦是什麼意義呢？經上說：「無常故苦。」一切都無常，都會變化，佛就以無常變化的意思說人生都是苦的。譬如身體健康並不永久，會慢慢衰老病死，有錢的也不能永遠保有，有時候也會變窮，權位勢力也不會持久，最後還是會失掉。以變化無常的情形看來，雖有喜樂，但不永久，沒有徹底，當變化時，苦痛就來了。所以佛說人生是苦，苦是有缺陷、不永久、沒有徹底的意思。學佛的人，如不瞭解真義，以為人生既不圓滿徹底，就引起消極悲觀的態度，這是不對的，真正懂得佛法的，看法就完全不同。要知道佛說「人生是苦」這句話，是要我們知道現在這人生是不徹底、不永久的，知道以後可以造就一個永久圓滿的人生。等於病人，必須先知道有病，才肯請醫生診治，病才會除去，身體就恢復健康一樣。為什麼人生不徹底不永久而有苦痛呢？一定有苦痛的原因存在，知道了苦的原因，就會盡力把苦因消除，然後才可得到徹底圓滿的安樂。所以佛不單單說人生是苦，還說苦有苦因，把苦因除了就可得到究竟安樂。學佛的應照佛所指示的方法去修學，把這不徹底不圓滿的人生改變過來，成為一個究竟圓滿的人生。這個境界，佛法叫做「常樂我淨」。

「常」是永久，「樂」是安樂，「我」是自由自在，「淨」是純潔清淨。四個字合起來，就是永久的安樂，永久的自由，永久的純潔。佛教最大的目標，不單說破人生是苦，而是主要在於將這苦的人生改變過來（佛法名為「轉依」），造成為永久安樂自由自在純潔清淨的人生。指示我們苦的原因在那裡，怎樣向這目標努力去修持。常樂我淨的境地，即是絕對的最有希望的理想境界，是我們人人都可達到的。這樣怎能說佛教是消極悲觀呢。

雖然，學佛的不一定能夠人人都到得這頂點的境界，但知道了這個道理，真是好處無邊。如一般人在困苦的時候，還知努力為善，等到富有起來，一切都忘記，只顧自己享福，糊糊塗塗走向錯路。學佛的，不只在困苦時知道努力向上，就是享樂時也隨時留心，因為快樂不是永久可靠，不好好向善努力，很快會墮落失敗的。人生是苦，可以警覺我們不至於專門研究享受而走向錯誤的路，這也是佛說人生是苦的一項重要意義。

(二)出世

佛法說有「世間」、「出世間」，可是很多人誤會了，以為「世間」就是我們住的那個世界，「出世間」就是到另外什麼地方去，這是錯了，我們每個人在這個世界，就是出了家也在這個世界。得道的阿羅漢、菩薩、佛、都是出世間的聖人，但都是在這個世界救度我們，可見出世間的意思，並不是跑到另外一個地方去。

那麼佛教所說的「世間」與「出世間」是什麼意思呢？依中國向來所說，「世」有時間性的意思，如三十年為一世，西洋也有這個意思，叫一百年為一世紀。所以「世」的意思就是有時間性的，從過去到現在，現在到未來，在這一時間之內的叫「世間」。佛法也如此，可變化的叫「世」，在時間之中，從

△弘一法師手書佛號

李叔同解經

過去到現在，現在到未來有到沒有，好到壞，都是一直變化，變化中的一切，都叫「世間」，還有，「世」是蒙蔽的意思，一般人不明過去、現在、未來三世的因果，不知道從什麼地方來，要怎樣做人，死了要到那裡去，不知道人生的意義，宇宙的本性，糊糊塗塗在這三世因果當中，這就叫做「世間」。

　　怎樣才叫「出世」呢？「出」是超過或勝過的意思，能修行佛法，有智慧，通達宇宙人生的真理，心裡清淨，沒有煩惱，體驗永恆真理就叫「出世」。佛菩薩都是在這個世界，但他們都以無比智慧通達真理，心裡清淨，不像普通人一樣。所以「出世間」這個名辭，是要我們修學佛法的，進一步能做到人上之人，從凡夫做到聖人，並不是叫我們跑到另外一個世界去。不瞭解佛法出世的意義的人，誤會佛教是逃避現實，因而引起不正當的批評。

(三)一切皆空

　　佛說一切皆空，有些人誤會了，以為這樣也空，那樣也空，什麼都空，什麼都沒有，橫豎是沒有，無意義，這才壞事幹，好事也不做，糊糊塗塗地看破一點，生活下去就好了。其實佛法之中「空」的意義，是有著最高的哲理，諸佛菩薩就是悟到「空」的真理者。「空」並不是什麼都沒有，反而是樣樣都有，世界是世界，人生是人生，苦是苦，樂是樂，一切都是現成的。佛法之中，明顯的說到有邪有正，有善有惡，有因有果，要棄邪歸正，離惡向善，作善得善果，修行成佛。如果說什麼都沒有，那我們何必要學佛呢？既然因果、善惡、凡夫、聖人樣樣都有，佛為什麼說一切皆空？空是什麼意義呢？因緣和合而成，沒有實在的不變體，叫「空」。邪正善惡人生，這一切都不是一成不變實在的東西，皆是依因緣的關係才有的，因是從因緣而產生，所以依因緣的轉化而轉化，沒有實體所以叫「空」。

　　舉一個事實來說吧，譬如一個人對著一面鏡子，就會有一個影子在鏡裡，怎會有那個影子呢？有鏡、有人，還要借太陽或燈光才能看出影子，缺少一樣便不成，所以影子是種種條件產生的，這不是一件實在的物體，雖然不是實體，但所看到的影子，是清清楚楚並非沒有。一切皆空，就是依這個因緣所生的意義而說的，所以佛說一切皆空，同時即說一切因緣皆有，不但

要體悟一切皆空，還要知道有因有果，有善有惡。學佛的，要從離惡行善、轉迷啟悟的學程中去證得空性，即空即有，二諦圓融。一般人以為佛法說空，等於什麼都沒有，是消極是悲觀，這都是由於不瞭解佛法所引起的誤會，非徹底糾正過來不可。

二、由於佛教制度而來的誤解

佛教是從印度傳來的，制度方面有一點不同。我國舊有的地方，例如出家與素食，不明瞭、不習慣的人，對此引起許許多多的誤會。

(一)出家

出家為印度佛教的制度，我國社會，特別是儒家對它誤解最大。在國內，每聽人說，大家學佛，世界上的人都沒有了，為什麼呢？大家都出家了。沒有夫婦兒女，還成什麼社會？這是嚴重的誤會，我常比喻說：如教師們教學生，那裡教人人當教員去，成為教員的世界嗎？這點在菲島，不大會誤會的，因為到處看得到的神父、修女，他們也是出家，但只是天主教徒中的少部分，並非信天主教的人，人人要當神父、修女。學佛的有出家弟子，有在家弟子，出家可以學佛，在家也可以學佛，出家可以修行了生死，在家也同樣可以修行了生死，並不是學佛的人一定都要出家，絕不因大家學佛，就會毀滅人類社會。不過出家與在家，既然都可以修行了生死，為什麼還要出家呢？因為要弘揚佛教，推動佛教，必須有少數人主持佛教。主持的頂好是出家人，既沒有家庭負擔，又不做其他種種工作，可以一心一意修行，一心一意弘揚佛法。佛教要存在這個世界，一定要有這種人來推動它，所以從來就有此出家的制度。

阿彌陀佛

乙未元旦
演音書
弘贊平
供養

△弘一法師手書佛號

李叔同解經

出家功德大嗎？當然大，可是不能出家的，不必勉強，勉強出家有時不能如法，還不如在家。爬得高的，跌得更重，出家功德高大，但一不當心，墮落得更厲害，要能真切發心，勤苦修行為佛教犧牲自己，努力弘揚佛法，才不愧為出家。出家人是佛教中的核心分子，是推動佛教的主體，不婚嫁，西洋宗教也有這樣制度。有許多科學哲學家，為了學業，守獨身主義，不為家庭瑣事所累，而去為科學、哲學努力。佛教出家制，也就是擺脫世界欲累，而專心一意的為佛法。所以出家是大丈夫的事，要特別的勤苦，如隨便出家，出家而不為出家事，那非但沒有利益，反而有礙佛教。有的人，一學佛教想出家，似乎學佛非出家不可，不但自己誤會了，也把其他人都嚇住而不敢來學佛。這種思想一學佛就要出家，要不得，應認識出家不易，先做一良好在家居士為法修學，自利利他。如真能發大心，修出家行，獻身佛教，再來出家，這樣自己既穩當，對社會也不會發生不良影響。

　　與出家有關，附帶說到兩點，有的人看到佛寺廣大莊嚴，清淨幽美，於是羨慕出家人，以為出家人住在裡面，有施主來供養，無須做工，坐享清福，如流傳的「日高三丈猶未起」、「不及僧家半日閑」之類，就是此種謬說，不知道出家人有出家的事情要勇猛精進，自己修行時「初夜後夜，精勤佛道」，對信徒說法，應該四處遊化，出去宣揚真理，過著清苦的生活，為眾生為佛教而努力，自利利他，非常難得。所謂僧寶，那裡是什麼事都不做，坐享現成，坐等施主們來供養，這大概是出家者多，能盡出家人責任者少，所以社會有此誤會吧！

　　有些反對佛教的人，說出家人什麼都不做，為寄生社會的消費者，好像一點用處都沒有。不知人不一定要從事農、工、商的工作，當教員，新聞記者，以及其他自由職業，也能說是消費者嗎？出家人不是沒有事做，過著清苦生活而且勇猛精進，所做的事，除自利而外，導人向善，重德行、修持，使信眾的人格一天一天提高，能修行了生死，使人生世界得到大利益，怎能說是不做事的寄生呢？出家人是宗教師，可說是廣義而崇高的教育工作者，所以不懂佛法的人說，出家人清閒，或說出家人寄生消費，都不對。真正出家並不如此應該並不清閒而繁忙，不是消耗而能報施主之恩。

(二)吃素

我們中國佛教徒，特別重視素食，所以學佛的人，每以為學佛就要吃素；還不能斷肉食的，就會說：看看日本、錫蘭、緬甸、泰國或者我國的西藏、蒙古的佛教徒，不要說在家信徒，連出家人也都是肉食的，你能說他們不學佛，不是佛教徒嗎？不要誤會學佛就得吃素，不能吃素就不能學佛，學佛與吃素並不是完全一致的，一般人看到有些學佛的，沒有學到什麼，只學會吃素，家庭裡的父母兄弟兒女感覺討厭，以為素食太麻煩，其實學佛的人，應該這樣：學佛後，先要瞭解佛教的道理，在家庭社會，依照佛理做去，使自己的德行好，心裡清淨，使家庭中其他的人，覺得你在沒學佛以前貪心大，嗔心很重，缺乏責任心與慈愛心，學佛後一切都變了，貪心淡，嗔恚薄，對人慈愛，做事更負責，使人覺得學佛在家庭社會上的好處，那時候要素食，家裡的人不但不反對，反而生起同情心，漸漸跟你學，如一學佛就學吃素，不學別的，一定會發生障礙，引起譏嫌。

雖然學佛的人，不一定吃素，但吃素確是中國佛教良好的德行，值得提倡。佛教說素食可以養慈悲心，不忍殺害眾生的命，不忍吃動物的血肉。不但減少殺生業障，而且對人類苦痛的同情心會增長。大乘佛法特別提倡素食，說素食對長養慈悲心有很大的功德。所以吃素而不能長養慈悲心，只是消極的戒殺，那還近於小乘呢！

以世間法來說，素食的利益極大，較經濟，營養價值也高，可以減少病痛，現在世界上，有國際素食會的組織，無論何人，凡是喜歡素食都可以參加，可見素食是件好事，學佛的人更應該提倡，但必須注意的，就是不要把學佛的標準提得太高，認為學佛就非吃素不可。遇到學佛的人就會問：有吃素嗎？為什麼學佛這麼久，還不吃素呢？這樣把學佛與素食合一，對於弘揚佛法是有礙的。

△弘一法師手書靈峰偈語

三、對於佛教儀式而來的誤解

不瞭解佛教的人，到寺裡去看見禮佛念經、拜懺、早晚功課等等的儀式，不明白其中的真義，就說這些都是迷信。這裡面問題很多，現在簡單的說到下面幾種：

(一)禮佛

入寺拜佛，拿香、花、燈燭來供佛，西洋神教徒，說我們是拜偶像，是迷信，其實佛是我們的教主，是人而進達究竟圓滿的聖者，大菩薩們也是快要成佛的人，這是我們皈依處，是我們的領導者，尊重佛菩薩，當有所表示，好像恭敬父母必須有禮貌一樣，佛在世的時候，沒有問題，可以直接對他表示恭敬。可是現在釋迦佛已入涅槃了，還有他方世界的佛菩薩，都不在我們這個世界，不得不用紙畫、泥塑、木頭石塊來雕刻他們的形象，作為恭敬禮拜的物件，因為這是表示佛菩薩的形象，我們才要恭敬禮拜他，並不因為他是紙、土、木、石。如我們敬愛我們的國家，要怎樣表示尊敬呢？用顏色布做成國旗，當升旗的時候，恭恭敬敬向國旗行禮，我們能否說這是迷信的行為？天主教也有像，基督教雖沒有神像，但也有十字架作為敬禮的對象，有的還跪下禱告，這與拜佛有何差別呢？說佛教禮佛為拜偶像，這是西洋神教徒對我們禮佛的意義不夠理解。

至於香花燈燭呢？佛在世時，在印度是用這些東西來供養佛的，燈燭是表示光明，香花是表示芬香清潔，信佛禮佛，一方面用這些東西來供養佛以表示虔敬，一方面即表示從佛得到光明清淨，並不是獻花燒香、使佛聞得香味，點燈點燭、佛才能看到一切，西洋宗教，尤其是天主教，還不是用這些東西嗎？這本是一般宗教的共同儀式。禮佛要恭敬虔誠，禮佛的時候，要觀想為真正的佛。如果一面拜，一面想東想西，或者講話，那是大不敬，失掉了禮佛的意義。

(二)禮懺

佛教徒禮懺誦經，異教徒及非宗教者，也常常誤以為迷信。不知道「懺」的印度話叫懺摩，是自己作錯了以後，承認自己錯誤的意思，因為一個人，在過去世以及現生中，誰都做過種種錯事，犯有種種的罪惡，留下招引苦難，障礙修道解脫的業力，為了減輕及消除障礙苦難的業力，所以在佛菩薩前、眾僧前，承認自己的錯誤，以消除自己的業障。佛法有禮懺的法門，這等於耶教的悔改，在宗教的進修上是非常重要的。懺悔要自己懺，內心真切的懺，才合乎佛教的意思。

一般人不會懺悔要怎麼辦呢。古代祖師就編集懺悔的儀規，教我們一句一句念誦，口誦心思，也就是知道裡面的意義，懺悔自己的罪業了，懺儀中教我們怎樣的禮佛，求佛菩薩慈悲加護，承認自己的錯誤，知道殺生、偷盜、邪淫等的不是，一心發願改往修來，這些都是過去祖師們教我們懺悔的儀規（耶教也有耶穌示範的禱告文），但主要還是要從心裡發出真切的悔改心。

△弘一法師手書佛號

有些人，連現成的儀規也不會念誦，就請出家人領導著念，慢慢地自己不知道懺悔，專門請出家人來為自己禮懺了；有的父母眷屬去世了，為要藉三寶的恩威，來消除父母眷屬的罪業，也請出家人來禮懺，以求亡者的超升。然而如不明佛法本意，為了鋪排門面、為了民間風俗，只是費幾個錢，請幾個出家人來禮懺做功德，而自己或不信佛法，或者自己毫無懺悔懇切的誠意，那是失掉禮懺的意義了。

佛教到了後來，懺悔的意義模糊了。學佛的自己不懺，事無大小都請出家人，弄得出家人為了佛事忙，今天為這家禮懺，明天為那家做功德，有的寺院，天天以佛事為唯一事業；出家人主要事業，放棄不管，這難怪佛教要衰敗了。所以懺悔

主要是自己，如果自己真真切切的懺悔，甚至是一小時的懺悔，也是超過請了許多人，作幾天佛事的功德，瞭解這個道理，如對父母要盡兒女的孝心，那麼為自己父母禮懺的功德很大。因為血緣相通，關係密切的緣故。不要把禮懺、做功德，當作出家人的職業，這不但毫無好處，只有增加世俗的譏謗與誤會。

(三)課誦

學佛的人，在早晚誦經念佛，在佛教裡面叫課誦。基督教早晚及飲食時候有禱告，天主教徒早晚也要誦經，這種宗教行儀，本來沒有什麼問題，不過為了這件事情，有幾位問我，不學佛還好，一學佛問題就大了，我的母親早上晚上一做功課，就要一兩個鐘頭，如學佛的都這樣，家裡的事情簡直沒有辦法推動了，在一部份的居士間，確有這種情形，使人誤會佛教為老年有閑的佛教，非一般人所宜學。其實，早晚課誦，並不是一定誦什麼經，念什麼佛，也不一定誦持多久，可以隨心所欲依實際情形而定時間，主要的須稱念三皈依，十願也是重要的，日本從中國傳去的佛教、淨土宗、天臺宗、密宗等都各有自宗的功課，簡要而不費多少時間，這還是唐、宋時代的佛教情況，我們中國近代的課誦，一、是叢林所用的，叢林住了幾百人，集合一次就須費好長時間，為適應這特殊環境，所以課誦較長。二、元、明以來，佛教趨向混合，於是編集的課誦儀規，具備各種內容，適合不同宗派的修學。其實在家居士，不一定要如此。從前印度大乘行人，每天六次行五悔法，時間短些不要緊，次數不妨增多。總之學佛，不只是念誦儀規，在家學佛，絕不可因功課繁長而影響家庭的工作。

(四)燒紙

古代中國祭祖時有焚帛風俗，燒一點綢緞，給祖先享用。後來為了簡省就改用紙來代替，到後代做成錢、元寶鈔票，甚至於紮房子、汽車來焚化，這些都是古代傳來的風俗習慣，演變而成，不是佛教裡面所有的。

這些事情，也有一點好處，就是做兒女的對父母表示一點孝意。自己飲食，想到父母祖先，自己住屋穿衣，想到祖先，不忘記父祖的恩德，有慎終

△童子拜觀音（清）

△多寶佛（明）

追遠的意義。佛教傳來中國，適應中國，方便的與念經禮佛合在一起，但是在儒家「送死為大事」及「厚葬」的風氣下，不免鋪張浪費，燒得越多越好，這才引起近代人士的批評，而佛教也被認為迷信浪費了。佛教徒明白這個意義，最好不要燒紙箔等，佛教裡並沒有這些。

如果為了要紀念先人，象徵的少燒一點，不要拿到寺廟裡去燒，免得佛教為我們受罪。

(五)抽籤、問卜扶乩

有些佛寺中，有抽籤、問卜，甚至有扶乩等舉動，引起社會的譏嫌，指為迷信。其實純正的佛教，不容許此種行為（有沒有效驗，是另外一件事）。真正學佛的，只相信因果。如果過去及現在作有惡業，絕沒有趨吉避凶的方法可以避免。修善得善果，作惡將來避不了惡報，要得到善的果報，就得多做有功德的事情。佛弟子只知道多做善事，一切事情，如法合理的作去，絕不使用投機取巧的下劣作風。這幾樣都與佛教無關，佛弟子真的信仰佛教，應絕對避免這些低級的宗教行為。

四、由於佛教現況而來的誤解

一般中國人，不明瞭佛教，不明瞭佛教國際的情形，專以中國佛教的現況，隨便批評佛教。下面便是常聽到兩種：

(一)「信仰佛教的國家就會衰亡」

他們以為印度是因信佛才亡國，他們要求中國富強，於是武斷的認為不能信仰佛教，其實這是完全錯誤，研究過佛教歷史的都知道，過去印度最強盛時代，便是佛教最興盛時代，那時候，孔雀王朝的阿育王統一印度，把佛教傳播到全世界。後來婆羅門教復興，摧殘佛教，印度也就日見紛亂。當印度為

△弘一法師青年時篆刻作品

回教及大英帝國滅亡時，佛教已經衰敗甚至沒有了。中國歷史上，也有這種實例。現在稱華僑為唐人、中國為唐山，就可見到中國唐朝國勢的強盛，那個時候，恰是佛教最興盛的時代，唐武宗破壞佛教，也就是唐代衰落了。唐以後，宋太祖、太宗、真宗·仁宗都崇信佛教，也就是宋朝興盛的時期。明太祖本身是出過家的，太宗也非常信佛，不都是政治修明，國力隆盛的時代嗎！日本現在雖然失敗了，但在明治維新之後擠入世界強國之列，他們大都是信奉佛教的，信佛誰說能使國家衰弱？所以從歷史看來國勢強盛時代正是佛教興盛的時代。為什麼希望現代的中國富強，而反對提倡佛教呢！

(二)「佛教對社會沒有益處」

近代中國人士，看到天主教、基督教辦有學校醫院等，而佛教少有舉辦，就認為佛教是消極，不做有利社會的事業，與社會無益，這是錯誤的論調，最多只能說，近代中國佛教徒不努力，不盡責，絕不是佛教要我們不做，過去的中國佛教，也辦有慈善事業，現代的日本佛教徒，辦大學、中學等很多，出家人也多有任大學與中學的校長與教授，慈善事業，也由寺院僧眾來主辦。特別在錫蘭、緬甸、泰國的佛教徒，都能與教育保持密切的關係，兼辦慈善事業。所以不能說佛教不能給予社會以實利，而只能說中國佛教徒沒有盡了佛弟子的責任，應該多從這方面努力，才會更合乎佛教救世的本意，使佛教發達起來。

中國一般人士，對於佛教的誤解還多得很，今天所說的，是比較普遍的，希望大家知道了這些意義，做一個有純正信仰的佛教徒，至少也能夠清除一下對佛教的誤會，使純正佛教的本意發揚出來。否則看來信仰佛教極其虔誠，而實包含了種種錯誤，信得似是而非，這也難怪社會的譏嫌了。

問答十章

【問】近世諸叢林傳戒之時，皆令熟讀《毗尼日用切要》（俗稱為五十三咒），未審可否？

【答】蕅益大師曾解釋此義，今略錄之。文云：「既預比丘之列，當以律學為先。今之願偈（即當願眾生等），本出《華嚴》。種種真言，皆屬密部。論法門雖不可思議，約修證則各有本宗。收之則全是，若一偈、若一句、若一字，皆為道種。撿之則全非，律不律、顯不顯、密不密、僅成散善；此正法所以漸衰，而末運所以不振。有志之士，不若專精戒律，辦比丘之本職也。」

李叔同解經

（十誦：諸比丘廢學毗尼，便讀誦修多羅、阿毗曇，世尊種種訶責。乃至由有毗尼佛法住世等。多有上座長老比丘學律。）

【問】《百丈清規》頗與戒律相似；今學律者，亦宜參閱否？

【答】百丈於唐時編纂此書，其後屢經他人增刪。至元朝改變尤多，本宋面目，殆不可見；故蓮池、藕益大師力詆斥之。蓮池大師之說，今未及檢錄。唯錄藕益大師之說如下。文云：「正法滅壞，全由律學不明。《百丈清規》，久失原作本意；並是元朝流俗僧官住持，杜撰增飾，文理不通。今人有奉行者，皆因未諳律學故也。」又云：「非佛所制，便名非法；如元朝附會《百丈清規》等。」又云：「《百丈清規》，元朝世諦住持穿鑿，尤為可恥。」按律宗諸書，浩如煙海。吾人盡形學之，尚苦力有未及。即《百丈》原本今仍存在，亦可不須閱覽；況偽本乎？今宜以蓮池、藕益諸大師之言，傳示道侶可也。

【問】今世俗眾，乞師證明受皈依者，輒稱皈依某師，未知是否？

【答】不然！以所皈依者為僧伽，非唯皈依某師一人故。藕益大師云：「皈依僧者，則一切僧皆我師也。今世俗士，擇一名德比丘禮事之，竊竊然矜曰：吾為某知識、某法師門人也！彼知識法師者，亦竊竊然矜曰：彼某居士、某宰官皈依於我者也！噫！果若此，則應曰：皈依佛、皈依法、結交一大德可也。可云皈依僧也與哉！」

【問】近世弘律者，皆宗蓮池大師《沙彌律儀要略》，未知善否？

【答】沙彌戒法注釋之書，以蕅益大師所著《沙彌十戒威儀錄要》，最為完善；此書揚州刻版，共為一冊，標名曰《沙彌十戒法並威儀》。價金僅洋一角餘，若與初學之人講解沙彌律者，宜用此書也。蓮池大師為淨土大德，律學非其所長。所著《律儀要略》中，多以己意判斷，不宗律藏；故蕅益大師云：「蓮池大師專弘淨土，而於律學稍疏。」（見《梵網合注・緣起》中。今未檢原書，略述其大意如此。）又云：「《律儀要略》，頗有斟酌，堪逗時機，而開遮輕重懺悔之法，尚未申明。」以此諸文證之，是書雖可導俗，似猶未盡善也。

【問】沙彌戒第十，不捉持金銀；今人應依何方法，乃能不犯此戒？

【答】《根本有部律攝》云：比丘若得金銀等物，應覓俗眾為淨施主；即作施主物想捉持無犯。雖與施主相去甚遠，若以後再得金銀等，應遙作施主物心而持之。乃至施主命存以來，並皆無犯。若無施主可得者，應持金銀等物，對一比丘作是說：「大德存念！我比丘某甲得此不淨財，當持此不淨財，換取淨財。」三說已；應自持舉，或令人持舉，皆無犯也（以上錄《律攝》大意，非全文也。）

【問】今世傳戒，皆聚集數百人，並以一月為期，是佛制否？

【答】佛世，凡受戒者，由剃髮和尚為請九僧，即可授之；是一人別授也。此土唐代雖有多人共受者，亦止一二十人耳。至於近代，唯欲熱鬧門庭，遂乃聚集多眾；故蕅益大師嘗斥之云：隨時皆可入道，何須臘八及四月八。難緣方許三人，豈容多眾至百千眾也。至於受戒之時，不足半日即可授了，何須多日。且近代一月聚集多眾者，亦只令受戒者，助作水陸經懺及其他佛事等，終日忙迫，罕有餘暇。受戒之事，了無關係；斯更不忍言矣。故受戒決不須多日。所最要者，和尚於受前受

李叔同解經

後，應負教導之責耳。唐義淨三藏云：豈有欲受之時，非常勞倦。亦既得已，戒不關懷，不誦戒經，不披律典。虛沾法伍，自損損他；若此之流，成滅法者！蕅益大師云：夫比丘戒者，乃是出世宏規，僧寶由斯建立。貴在受後修學行持，非可僅以登壇塞責而已；是故誘誨獎勸宜在事先，研究討明功須五夏。而後代師匠，多事美觀。遂以平時開導之法，混入登壇秉授之次；又受時雖似殷重，受後便謂畢功。顛倒差訛，莫此為甚。（菩薩戒，另受）

【問】今世傳戒，有戒元、戒魁等名，未知何解？

【答】此於受戒之前，令受戒者出資獲得；與清季時，捐納功名無異。非因戒德優劣而分也。此為陋習，最宜革除。

【問】末世授戒，未能如法，決不得戒。未識更依何方便，而能獲得比丘戒耶？

【答】蕅益大師云：「末世欲得淨戒，捨此占察輪相之法，更無別途。」蓋指依地藏菩薩《占察善惡業報經》所立之占察懺法而言也。按《占察經》云：「（先示懺法大略）未來世諸眾生等，欲求出家，及已出家，若不能得善好戒師及清淨僧眾，其心疑惑，不得如法受於禁戒者。但能學發無上道心，亦令身口意得清淨已。（禮懺七日之後，每晨以身口意三輪三擲，皆純善者，即名得清淨相。）其未出家者，應當剃髮，被服法衣，仰告十方諸佛菩薩，請為師證。一心立願稱辯戒相。先說菩薩十根本重戒，次當總舉菩薩律儀三種戒聚。所謂攝律儀戒（五、八、十具等）、攝善法戒、攝化眾生戒。自誓受之，則名具獲波羅提木叉出家之戒，名為比丘、比丘尼。」故蕅益大師於三十五歲退為沙彌，遂專心禮占察懺法，至四十七歲正月初一日，乃獲清淨輪相，得比丘戒。

已前：

約有戒論　退為出家優婆塞，成時、性旦並受長期八戒。

約無戒論　自誓受三皈、五戒。長期八戒，菩薩戒少分。

授比丘戒緣，第四心境相應。

或心不當境、或境不稱心、或心境俱不相應；並非法故。

【問】若已破四重戒者，猶得再受比丘戒耶？

【答】在家之人，或破五戒、八戒中四重。出家之人，或破沙彌、沙彌

尼、式叉摩那、比丘、比丘尼戒中四重；並名邊罪。若依小乘律，不得重受。若依《梵網經》，雖通懺悔，須以得見相好為期。今依占察經懺法，則以得清淨輪相為期也。《占察經》云：「未來之時，若在家、若出家眾生等，欲求受清淨妙戒，而先已作增上重罪（即是邊罪），不得受者，亦當如上修懺悔法。令其至心，得身口意善相已；即可應受。」

【問】古代禪宗大德，居山之時，則以三條篾、一把鋤為清淨自活。領眾之時，又以一日不作一日不食為清規；皆與律制相背，是何故耶？

【答】古代禪宗大德，嚴淨毗尼，宏範三界者，如遠公、智者等是也。其次，則捨微細戒，唯護四重；但決不敢自稱比丘、不敢輕視律學。唯自愧未能兼修，以為漸德耳。昔有人問壽昌禪師云：「佛制比丘不得掘地損傷草木。今何自耕自種？」答云：「我輩只是悟得佛心，堪傳佛意，指示當機，令識心性耳。若以正法格之，僅可稱剃髮居士，何敢當比丘之名耶？」又問：「設令今時有能如法行持比丘事者，師將何以視之？」答云：「設使果有此人、當敬如佛、待以師禮。」我輩非不為也，實未能也。又紫柏大師，生平一粥一飯，別無雜食。脅不著席四十餘年；猶以未能持微細戒，故終不敢為人授沙彌戒及比丘戒。必不得已則授五戒法耳。嗟乎！從上諸祖，敬視律學如此，豈敢輕之；若輕律者，定屬邪見，非真實宗匠也（以上依蕅益大師文摯錄）。

上列十章，未依次第；又以匆促撰錄，或有文義未妥之處，俟後修正可也。

△弘一法師青年時篆刻作品

李叔同解經

弘律願文

　　如是戒品，我今誓願受持、修學，盡未來際，不復捨離。以此功德，願我及眾生，無始已來所作眾罪，盡得消滅。若一切眾生所有定業，當受報者，我皆代受。遍微塵國，歷諸惡道，經微塵劫，備嘗眾苦，歡喜忍受，終無厭悔；令彼眾生先成佛道。我所發願，真實不虛，伏惟三寶證知者。

　　演音自撰發願句三種，行住坐臥，常常憶念，我所修持一切功德，悉以回施法界眾生；眾生所造無量惡業，願我一身代受眾苦。

　　誓捨身命，護持三世一切佛法！
　　誓捨身命，救度法界一切眾生！
　　願代法界一切眾生，備受眾苦！
　　願護南山四分律宗弘傳世間！

△沉思羅漢（明）

△長眉羅漢（明）

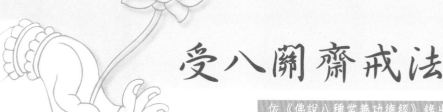

受八關齋戒法

依《佛說八種常養功德經》錄出

歸命一切佛，惟願一切佛菩薩眾攝受於我。

我今歸命勝菩提，最上清淨佛法眾。

我發廣大菩提心，自他利益皆成就。

懺除一切不善業，隨喜無邊功德蘊。

先當不食一日中（案：一日夜中，過午不食），後修八種功德法（以上三說）。

我名某甲，惟願阿闍梨攝受於我，我從今時發淨信心，乃至坐菩提場，成等正覺，誓歸依佛二足勝尊，誓歸依法離欲勝尊，誓歸依僧調伏勝尊。如是三寶，是所歸趣（以上三說）。

我某甲淨信優婆塞（案：受八戒者，正屬在家二眾。亦兼通於出家諸眾，如《藥師經》中所明。此文且據在家者言，故云優婆塞。若出家者，隨宜稱之），惟願阿闍梨憶持護念，我從今日今時發起淨心，乃至過是夜分，訖於明旦日初出時，於其中間奉持八戒。所謂一不殺生、二不偷盜、三不非梵行、四不妄語、五不飲酒、六不非時食、七不華髮莊嚴其身及歌舞戲等、八不坐臥高廣大床。我今捨離如是等事，誓願不捨清淨禁戒八種功德（以上三說）。

我持戒行莊嚴其心，令心喜悅，廣修一切相應勝行，求成佛果。究竟圓滿（一說）。又誦伽陀頌曰：

我發無二最上心，為諸眾生不請友；

勝菩提行善所行，成佛世間廣利益。

願我乘是善業故，此世不久成正覺，

說法饒益於世間，解脫眾生三有若。

歲次壽星沙門善夢①敬書明居豐州②靈應山中

①善夢：弘一大師別號之一。

②豐州：即南安。

（本文係弘一法師一九四○年十一月作於福建南安靈應寺。）

《佛說無常經》敘

　　庚申之夏，余居錢塘玉泉龕舍，習《根本說一切有部律》。有誦《三啟無常經》之事數則。《根本薩婆多部律攝》卷七云：佛言：「若苾芻來及五時者，應與利分。云何為五：一打犍椎時，二誦《三啟無常經》時，三禮制底時，四行籌時，五作白時。」其餘數則，分注下文。又閱義淨《南海寄歸內法傳》，載誦《三啟無常經》之儀至詳①。因以知是經為佛世諸大弟子所習誦者；或以是為日課焉。經譯於唐，其時流傳未廣，誦者蓋罕②。宋元以來，始無道及之者。余懼其湮沒不傳，致書善友丁居士，勸請流通。居士讚喜，屬為之敘。竊謂是經流通於世，其利最普，願略述之。經中數說老病死三種法，不可愛，不光澤，不可念，不稱意。誦是經者，痛念無常，精進向道，其利一。正經文字，不逾三百，益以偈頌，僅千數十。文約義豐，便於持誦，其利二。佛許苾芻，惟誦是經，作吟詠聲③。妙法稀有，梵音清遠，聞者喜樂④，其利三。此土葬儀誦經未有成軌；佛世之制，宜誦是經，毗柰耶藏⑤，本經附文，及內法傳⑥，皆詳言之，其利四。斬草伐木，大師所訶。築室之需，是不獲已。依律所載，宜誦是經；並說十善。不廢營作，毋傷仁慈⑦，其利五。是經附文，臨終方決，最為切要。修淨業者，所宜詳覽。若兼誦經，獲益彌廣。了知苦、空、無常、無我；方諸安養樂國，風鼓樂器，水注華間，所演法音，同斯微妙，其利六。生逢末法，去聖時遙；佛世芳規，末由承奉。幸有遺經，可資誦諷，每當日落黃昏，暮色蒼茫，吭聲哀吟，諷是經偈。逝多林山，窣堵波畔，流風遺俗，彷彿遇之，其利七。是經之要，

略具於斯。惟願流通，普及含識。見者聞者，歡喜受持，共悟無常，同生極樂，廣度眾生，齊成佛道云爾。

是歲七月初二日，大慈弘一沙門演音撰於新城貝多山中。時將築室掩關，鳩工伐木。先夕誦《無常經》，是日草此序文，求消罪業。

①：《南海寄歸內法傳》云：「神州之地，自古相傳，但知禮佛題名，多不稱揚讚德。何者？聞名但聽其名，罔識智之高下。讚歎具陳其德，乃體德之宏深。即如西方，制底畔睇，及常途禮敬，每於晡後或曛黃時，大眾出門，繞塔三匝。香華具設，並悉蹲踞。令其能者，作哀雅聲，明徹雄朗，讚大師德，或十頌，或二十頌。次第還入寺中，至常集處。既共坐定，令一經師，昇師子座，讀誦少經。其師子座，在上座頭。量處度宜，亦不高大。所誦之經多誦《三啟》。乃是尊者馬鳴之所集置。初可十頌許，取經意而讚歎三尊。次述正經，是佛親說。讀誦既了，更陳十餘頌，論回向發願。節段三開，故云三啟。經了之時，大眾皆云蘇婆師多。蘇，即是妙。婆師多，是語；意欲讚經是微妙語。或云娑婆度，義目善哉。經師方下，上座先起，禮師子座。修敬既訖，次禮聖僧座，還居本處。第二上座，准前禮二處已，次禮上座，方居自位而坐。第三上座，准次同然，迄乎眾末。若其眾大，過三五人，余皆一時望眾起禮，隨情而去。斯法乃是東方聖耽摩立底國僧徒軌式。」

②：日本沙門最澄《顯戒論》，開示大唐貢名出家不欺府官明據五十一，轉有當院行者趙元及，年三十五，貫京兆府雲陽縣龍雲鄉修德里，父貞觀為戶身無籍，誦《無常經》一卷等。

③：《根本說一切有部毗奈耶雜事》卷第四云：「佛言苾芻，不應作吟詠聲，誦諸經法，及以讀經。請教白事，皆不應作。

△弘一法師青年時篆刻作品

然有二事，依吟詠聲：一謂讚大師德，二謂誦《三啟經》；餘皆不合。」

④：《根本說一切有部毗奈耶雜事》卷第四云：「是時善和苾芻，作吟諷聲，讚誦經法。其音清亮，上徹梵天。時有無數眾生，聞其聲音，悉皆種植解脫分善根，乃至傍生稟識之類，聞彼聲者，無不攝耳，聽其妙音。後於異時，憍薩羅勝光大王，乘白蓮華象，與諸從者，於後夜時，有事出城，須詣餘處。善和苾芻，於逝多林內，高聲誦經。於時象王，聞音愛樂，屬耳而聽，不肯前行。御者即便推鉤振足，象終不動。王告御者曰：可令象行！答言：大王！盡力驅前，不肯移足。未知此象意欲何之？王曰：放隨意去！彼即縱鉤，便之給園，於寺門外，攝耳聽聲。善和苾芻，誦經既了；便說四頌，而發願言：天阿蘇羅藥叉等，乃至隨所住處常安樂。時彼象王，聞斯頌已；知其經畢，即便搖耳舉足而行，任彼馳驅，隨鉤而去。」

⑤：《根本說一切有部毗奈耶雜事》卷第十八云，佛言：「苾芻身死，應為供養！苾芻不知云何供養。佛言：應可焚燒。具壽鄔波離請世尊曰：如佛所說，於此身中，有八萬尸蟲，如何得燒？佛言：此諸蟲類，人生隨生，若死隨死；此無有過。身有瘡者，觀察無蟲，方可燒殯。欲燒殯時，無柴可得。佛言：可棄河中，若無河者，穿地埋之。夏中地濕，多有蟲蟻？佛言：於叢薄深處，令其北首，左脅而臥，以草稕支頭。若草若葉，覆其身上。送喪苾芻，可令能者，誦《三啟無常經》；並說伽他，為其咒願。」《根本薩婆多部律攝》卷十二云：「苾芻身死，應檢其屍。若無蟲者，以火焚燒。無暇燒者，應棄水中，或埋於地。若有蟲及天雨，應共輿棄空野林中，北首而臥，竹草支頭，以葉覆身，面向西望。當於殯處，誦《無常經》；復令能者，說咒願頌。喪事既訖，宜還本處。其捉屍者，連衣浴身，若不觸者，應洗足。」《根本說一切有部毗奈耶》卷第四十三云：「出尊者屍，香腸洗浴，置寶輿中。奏眾伎樂，幢幡滿路，香煙遍空。王及大臣，傾城士女，從佛及僧，送諸城外。至一空處，積眾香木，灌灑香油，以火焚之，誦《無常經》畢；取舍利羅置金瓶內，於四衢路側，建窣堵波。種種香華，及眾音樂，莊嚴供養，昔未曾有。」

⑥：《南海寄歸內法傳》云：「然依佛教，苾芻亡者，觀知決死，當日舁向燒處，尋即以火焚之。當燒之時，親友咸萃，在一邊坐。或結草為坐；或聚土作台，或置磚石，以充坐物。令一能者，誦《無常經》，半紙、一紙，勿令疲久。然後各念無常，還歸住處。」

⑦：《根本說一切有部毗奈耶》卷第二十七云：「佛告阿難陀，營作苾芻，所有行法，我今說之。凡授事入，為營作故，將伐樹時，於七八日前，在彼樹下，作曼荼羅，布列香華，設諸祭食，誦《三啟經》。耆宿苾芻，應作伽歌挐咒願，說十善道，讚歎善業；復應告語：若於此樹，舊住天神，應向餘處，別求居止。此樹今為佛法僧寶，有所營作。過七八日已，應斬伐之。若伐樹時，有異相現者，應為讚歎施捨功德，說慳貪過。若仍現異相者，即不應伐。若無別相者，應可伐之。」又《根本薩婆多部律攝》卷第九所載者，與此略同。

△弘一法師青年時篆刻作品

李叔同 解經

盜戒釋相概略問答

緒　言

【問】以何因故，編輯是卷耶？

【答】昔嘗發願編輯《南山律在家備覽》，以卷帙繁重，未可急就。故先擷取盜戒戒相少分，輯為《問答》一卷，別以流通。

【問】何故先輯此盜戒耶？

【答】道俗諸戒中，以盜戒戒相最為繁密。《僧祇律》釋盜戒文，有五卷。《十誦律》四卷。《善見律》三卷。南山、靈芝諸撰述中，述盜戒者，亦有三卷。盜戒戒相既如是繁密，若欲護持，大非易事。南山律中頗多警誥之文，今略引之。

《行事鈔》云：「性重之中，盜是難護。故諸部明述，餘戒約略總述而已，及論此戒，各並三卷、五卷述之。必善加披括，方能免患。」又云：「盜戒相隱，極難分了。有心懷道者，細讀附事，深思乃知。」

《戒本疏》云：「此戒人多潛犯，不謂重罪，但是粗心。故《善見》云：『此第二戒事相難解，不得不曲碎解釋。其義理分別，汝當善思。』論文如此，臨事可不勉耶！」

聖教明文，諄切若是。故先輯此戒相，亟為流通。俾未受者，應知慎重，必須預習通利乃可受持。（受盜戒後，一剎那頃，若有犯者，即結重罪。不以其未及學習，而加曲諒。故須預學也。）已受者，急宜細讀深思，勉力護持，未可潛犯。

△十八羅漢局部（清）

△聖僧（明）

【問】古德亦有專輯盜戒，別以流通耶？

【答】有之。南山云：「有人別標此盜，用入私鈔。抑亦勸誡之意。」惜此私鈔，久已佚失不傳耳。

【問】今輯是卷，依何典籍為宗耶？

【答】專宗南山《行事鈔》及靈芝《資持記》，並參用南山《戒本疏》及靈芝《行宗記》。南山《鈔》與《疏》有互異者，今且專據《鈔》文。

【問】今輯是卷，何以僅及概略，未能詳盡耶？

【答】今為初機，且舉少分，粗示其概，以為著手研習之初階。若詳明戒相，廣引文證，紙數當十餘倍此。將來別輯《南山律在家備覽》，廣明其義。學者幸進而披尋焉。

【問】下文所云「掌理三寶物」等，應唯屬於道眾。今輯是卷，既專被在家，云何復列是等諸緣耶？

【答】近今在家居士，亦有暫管護寺院者；又有任寺中會計、庶務諸職者。故應列入，以資參考。

【問】南山律義，雖云分通大乘，然教限正屬小乘。若依小教，受五、八戒者，固應奉此行持。若別受菩薩戒者，或可不拘是限耶？

【答】唐代賢首《梵網戒疏》釋初篇盜戒‧第六種類輕重門中，廣陳犯相，與南山《行事鈔》文大同。彼《疏》自設問答云：「問：『凡此所引，多是小乘，云何得通菩薩性戒用？』答：『菩薩性戒共學，《攝論》明文。故得用也。』」準是而言，若受菩薩戒中盜戒者，亦應奉此行持也。

釋　　相

【問】何謂盜戒耶？

【答】盜戒本有數名。或名曰「劫」，強力直奪故。或名曰「偷竊」，畏主覺知故。或名曰「不與取」，謂主不捨故。今名曰「盜」，非理侵損於人故。

△弘一法師青年時篆刻作品

前之二名，名則公私不同，義則兩不相攝。若「不與取」，雖是名通，然於義中有非盜之濫。故廢前三名，唯標曰「盜」。既能概括「劫」與「偷竊」，復無非盜之濫也。「盜」是所觀之境，「戒」者能治之行，能所通舉，故曰「盜戒」。

　　【問】今釋盜戒戒相如何分門耶？

　　【答】南山《行事鈔》分為三大科：一、所犯境；二、成犯相；三、開不犯。今依此科，分為三門如下。

第一門　所犯境

　　【問】何謂所犯境耶？

　　【答】凡六塵六大，有主之物，他所吝護者，皆謂之犯境。《戒本疏》中隨文別釋，至為繁廣。今不詳舉也。

第二門　成犯相

　　【問】成犯相中，依何而釋相耶？

　　【答】南山《行事鈔》先總列六緣，後隨釋五種。先總列六緣者：一、有主物；二、有主想；三、有盜心；四、是重物；五、興方便；六、舉離處。後隨釋五種者，依前列犯緣，次第解釋，唯不釋第五「興方便」，故僅有五種也。今依此科，分為五章如下：

第一章　有主物

　　【問】有主物中，如何分判耶？

　　【答】南山《行事鈔》分為三科：一、三寶物；二、人物；三、非人及畜牲物。今依此科，分為三節如下：

第一節　三寶物

　　【問】掌理三寶物，應須如何人耶？

　　【答】南山《行事鈔》引《寶梁》、《大集》等經云：「僧物難掌，佛法無

主。我聽二種人掌三寶物，一阿羅漢，二須陀洹。所以爾者，諸餘比丘，戒不具足，心不平等，不令是人為知事也。更復二種：一、能淨持戒，識知業報；二、畏後世罪，有諸慚愧及以悔心。如是二人，自無瘡疣，護他人意。此事甚難等。」

《鈔》又云：「若不精識律藏，善通用與者。並師心處分，多成盜損。」

【問】盜佛物者，依何結罪耶？

【答】望守護主邊，結重罪。無守護主者，望斷施主福邊，結重罪。

【問】盜法物者，依何結罪耶？

【答】與盜佛物同。望守護主邊，或望斷施主福邊，結重罪也。

【問】舊經殘破，應焚化耶？

【答】若焚化者，得重罪，如燒父母。不知有罪者，犯輕。南山《戒疏》云：「有人無識，燒毀破經，我今火淨，謂言得福——此妄思度。半偈捨身，著在明典；兩字除惑，亦列正經，何得焚除？失事在福也。」靈芝《資持記》云：「古云：『如燒故經，安於淨處，先說是法因緣生偈已，焚之。』此乃傳謬，知出何文？引誤後生，陷於重逆。必有損像蠹經，淨處藏之可矣。」

【問】借他人經而不還者，應犯何罪耶？

【答】若因未還，令主生疑者，中罪；若心決絕不還者，重罪。

【問】盜僧物者，依何結罪耶？

【答】若有守護主，餘人盜者，望守護主邊，結重。若主掌之人自盜者，亦犯重。若無守護主，餘人盜僧物者，亦犯重。

【問】盜僧物者，與盜佛物、法物同結重罪，然亦有所異耶？

【答】南山《行事鈔》云：「盜通三寶，僧物最重。隨損一毫，

△弘一法師青年時篆刻作品

李叔同 解經

則望十方凡聖一一結罪。又《方等經》云：「五逆四重，我亦能救。盜僧物者，我所不救。」（靈芝釋云：「我不救者，以佛威神不可加故，非捨棄也。」）

【問】於三寶物，若互用者，應有罪耶？

【答】律中，互用有種種，結罪亦有輕重。今略舉一二。如寺主互用三寶物，彼以好心，非入己故，謂言不犯；但依律應結重罪。若當分互用者，如本造釋迦，改作彌陀；本作《般若》，改作《涅槃》；本作僧房，改充車乘，應結小罪。

【問】白衣入寺，應與食耶？

【答】若悠悠俗人，見僧過者，應與食物。若在家二眾，及識達俗士，有入寺者，須說福食難消，非為慳吝。

第二節　人物

【問】盜別人物中，如何分判耶？

【答】南山《行事鈔》中，約二主分為七種。文義甚繁，今不具舉。

【問】物主有財物，令他人守護，為作護主。若此財物，被賊所竊，應令護主為償還耶？

【答】若護主謹慎不懈，賊來私竊，或強迫取，非是護主能禁之限者，物主不應令護主償還；若強征者，物主犯重。倘護主懈慢，為賊竊者，護主必須償之；若不償者，護主犯重。

【問】手執他人之物，不慎而誤破者，應令其償還耶？

【答】不應令其還。若強征者，犯重。

【問】賊取財物已，物主應可奪還耶？

【答】此事大須審慎。若盜者已作決定得物想，無論物主於己物已作棄捨心，或未作棄捨心，皆不可奪，奪者犯重，因此物已屬賊故。若物主於己物已作棄捨心，無論盜者已作決定得物想，或未作決定得物想，皆不可奪，奪者犯重，因先已捨，即非己物故。必須物主於己物未作棄捨心，盜者未作決定得物想，乃可奪還也。

第三節 非人及畜牲物

【問】盜非人物者，應犯何罪耶？

【答】有守護者，望守護主邊，結重罪。若無守護者，望非人邊，結中罪。

【問】盜畜牲物者，應犯何罪耶？

【答】輕罪。

第二章 有主想

【問】若欲詳釋此章，應依何顯示耶？

【答】應依境想、闕緣等，具如南山《鈔》《疏》中諸文廣明。文繁義密，初機難解，今且從略。將來別輯《南山律在家備覽》，當於此義詳述之也。

第三章 有盜心

【問】前云寺主以好心互用三寶物而結重罪。是豈有盜心耶？

【答】律列十種賊心，一曰「黑暗心」。愚教互用，正屬此類。靈芝《資持記》云：「望為三寶，故言好心。若論愚教，還是賊心。」

第四章 是重物

【問】何謂重物耶？

【答】依律，盜五錢，或值五錢物，結重罪。是為結罪之分限。

【問】何謂五錢耶？

【答】諸釋不同。南山律謂，攝護須急，即以隨國通用之五錢為准。如此土今時，應以五銅圓為準也。

△弘一法師青年時篆刻作品

第五章　舉離處

【問】何謂舉離處耶？

【答】欲盜物時，若所盜之物未離本處，屬己不顯。故須於離處時，結其正罪也。

【問】亦有物未離處，即結犯耶？

【答】盜戒成犯，雖約離處。然其離相，不必物離。故律中，明離處義，以十門括示差別。今且略舉：

文書成明離處，約作字判斷即犯。

言教主明離處，約口斷即犯，以言辭詿惑取者是。

移標相明離處，即今丈尺度量之物。

墮籌明離處，若計數籌、若分物籌是。

異色明離處，若破、若燒、若埋、若壞色，皆屬此類。

轉齒明離處，以盜心移轉賭具。

如是等，皆統名曰離處也。

第三門　開不犯

【問】何謂不犯耶？

【答】律有五種，皆謂無盜心也。一、與想，意謂他與也；二、己有想，謂非他物也；三、糞掃想，謂無主也；四、暫取想，即持還也；五、親厚意，無彼此也。

【問】何謂親厚耶？

【答】律有七法：一、難作能作；二、難與能與；三、難忍能忍；四、密事相告；五、互相護藏；六、遭苦不捨；七、貧賤不輕。能行是七法者，是善親友也。

《盜戒釋相概略問答》竟。

後　跋

　　發心學律以來，忽忽二十一載。衰老日甚，學業未就。今擷取南山、靈芝撰述中詮釋盜戒戒相少分之義，輯為《盜戒釋相概略問答》一卷。義多闕略，未盡持犯之旨。後此賡續，當復何日！因錄太賢、蕅益二師遺偈，附於卷末，用自策勵焉。歲次己卯殘暑，沙門一音，時年六十，居永春蓬峰。

唐太賢法師偈
勇士交陣死如歸，丈夫向道有何辭？
初入恆難永無易，由難若退何劫成！
丈夫欲取三界王，當揮智劍斷眾魔。
吾於苦海誓無畏，莊嚴戒筏攝諸方。

明蕅益大師偈
日輪挽作鏡，海水挹作盆，
照我忠義膽，浴我法臣魂。
九死心不悔，塵劫願猶存，
為檝虛空界，何人共此輪！

（一九三九年八月作於福建永春普濟寺）

△弘一法師常用七枚佛印

人生之最後

歲次壬申十二月，廈門妙釋寺念佛會請余講演，錄寫此稿。於時了識律師臥病不起，日夜愁苦。見此講稿，悲欣交集，遂放下身心，屏棄醫藥，努力念佛。並扶病起，禮《大悲懺》，吭聲唱誦，長跪經時，勇猛精進，超勝常人。見者聞者，靡不為之驚喜讚歎，謂感動之力有如是劇且大耶。余因念此稿雖僅數紙，而皆撮錄古今嘉言及自所經驗，樂簡略者或有所取。乃為治定，付刊流布焉。弘一演音記。

第一章　緒言

古詩云：「我見他人死，我心熱如火，不是熱他人，看看輪到我。」人生最後一段大事，豈可須臾忘耶！今為講述，次分六章，如下所列。

第二章　病重時

當病重時，應將一切家事及自己身體悉皆放下。專意念佛，一心希冀往生西方。能如是者，如壽已盡，決定往生。如壽未盡，雖求往生而病反能速癒，因心至專誠，故能滅除宿世惡業也。倘不如是放下一切專意念佛者，如壽已盡，決定不能往生，因自己專求病癒不求往生，無由往生故。如壽未盡，因其一心希望病癒，妄生憂怖，不唯不能速癒，反更增加病苦耳。

病未重時，亦可服藥，但仍須精進念佛，勿作服藥癒病之想。病既重

時，可以不服藥也。余昔臥病石室，有勸延醫服藥者，說偈謝云：「阿彌陀佛，無上醫王，捨此不求，是謂癡狂。一句彌陀，阿伽陀藥，捨此不服，是謂大錯。」因平日既信淨土法門，諄諄為人講說。今自患病，何反捨此而求醫藥，可不謂為癡狂大錯耶！若病重時，痛苦甚劇者，切勿驚惶。因此病苦，乃宿世業障。或亦是轉未來三途惡道之苦，於今生輕受，以速了償也。

自己所有衣服諸物，宜於病重之時，即施他人。若依《地藏菩薩本願經・如來讚歎品》所言供養經像等，則彌善矣。

若病重時，神識猶清，應請善知識為之說法，盡力安慰。舉病者今生所修善業，一一詳言而讚歎之，令病者心生歡喜，無有疑慮。自知命終之後，承斯善業，決定生西。

第三章　臨終時

臨終之際，切勿詢問遺囑，亦勿閒談雜話。恐彼牽動愛情，貪戀世間，有礙往生耳。若欲留遺囑者，應於康健時書寫，付人保藏。

倘自言欲沐浴更衣者，則可順其所欲而試為之。若言不欲，或噤口不能言者，皆不須強為。因常人命終之前，身體不免痛苦。倘強為移動沐浴更衣，則痛苦將更加劇。世有發願生西之人，臨終為眷屬等移動擾亂，破壞其正念，遂致不能往生者，甚多甚多。又有臨終可生善道，乃為他人誤觸，遂起瞋心，而牽入惡道者，如經所載阿耆達王死墮蛇身，豈不可畏。

臨終時，或坐或臥，皆隨其意，未宜勉強。若自覺氣力衰弱者，盡可臥床，勿求好看勉力坐起。臥時，本應面西右脅

△弘一法師繪羅漢圖

側臥。若因身體痛苦，改為仰臥，或面東左脅側臥者，亦任其自然，不可強制。

大眾助念佛時，應請阿彌陀佛接引像，供於病人臥室，令彼矚視。

助念之人，多少不拘。人多者，宜輪班念，相續不斷。或念六字，或念四字，或快或慢，皆須預問病人，隨其平日習慣及好樂者念之，病人乃能相隨默念。今見助念者皆隨己意，不問病人，既已違其平日習慣及好樂，何能相隨默念？余願自今以後，凡任助念者，於此一事切宜留意。

又尋常助念者，皆用引磬、小木魚。以余經驗言之，神經衰弱者，病時甚畏引磬及小木魚聲，因其聲尖銳，刺激神經，反令心神不寧。若依余意，應免除引磬、小木魚，僅用音聲助念，最為妥當。或改為大鐘、大磬、大木魚，其聲宏壯，聞者能起肅敬之念，實勝於引磬、小木魚也。但人之所好，各有不同。此事必須預先向病人詳細問明，隨其所好而試行之。或有未宜，盡可隨時改變，萬勿固執。

第四章　命終後一日

既已命終，最切要者，不可急忙移動。雖身染便穢，亦勿即為洗滌。必須經過八小時後，乃能浴身更衣。常人皆不注意此事，而最要緊。唯望廣勸同人，依此謹慎行之。

命終前後，家人萬不可哭。哭有何益？能盡力幫助念佛，乃於亡者有實益耳。若必欲哭者，須俟命終八小時後。

頂門溫暖之說，雖有所據，然亦不可固執。但能平日信願真切，臨終正念分明者，即可證其往生。

命終之後，念佛已畢，即鎖房門。深防他人入內，誤觸亡者。必須經過八小時後，乃能浴身更衣。（前文已言，今再諄囑，切記切記。）因八小時內若移動者，亡人雖不能言，亦覺痛苦。

八小時後著衣，若手足關節硬，不能轉動者，應以熱水淋洗。用布攪熱水，圍於臂肘膝彎。不久即可活動，有如生人。

殮衣宜用舊物，不用新者。其新衣應佈施他人，能令亡者獲福。

不宜用好棺木，亦不宜做大墳。此等奢侈事，皆不利於亡人。

第五章　薦亡等事

七七日內，欲延僧眾薦亡，以念佛為主。若誦經、拜懺、焰口、水陸等事，雖有不可思議功德，然現今僧眾視為具文，敷衍了事，不能如法，罕有實益。《印光法師文鈔》中屢斥誡之，謂其惟屬場面，徒作虛套。若專念佛，則人人能念，最為切實，能獲莫大之利矣。

如請僧眾念佛時，家族亦應隨念。但女眾宜在自室或布帳之內，免生譏議。

凡念佛等一切功德，皆宜迴向普及法界眾生，則其功德乃能廣大，而亡者所獲利益亦更因之增長。開弔時，宜用素齋，萬勿用葷，致殺害生命，大不利於亡人。

△弘一法師繪羅漢圖

出喪儀文，切勿鋪張。毋圖生者好看，應為亡者惜福也。

七七以後，亦應常行追薦，以盡孝思。蓮池大師謂：「年中常須追薦先亡。不得謂已得解脫，遂不舉行耳。」

第六章　勸請發起臨終助念會

此事最為切要。應於城鄉各地，多多設立。《飭終津梁》中有詳細章程，宜檢閱之。

第七章　結語

殘年將盡，不久即是臘月三十日，為一年最後。若未將錢財預備穩妥，則債主紛來，如何抵擋？吾人臨命終時，乃是一生之臘月三十日，為人生最後。若未將往生資糧預備穩妥，必致手忙腳亂呼爺叫娘，多生惡業一齊現前，如何擺脫？臨終雖恃他人助念，諸事如法。但自己亦須平日修持，乃可臨終自在。奉勸諸仁者，總要及早預備才好。

（一九三三年一月講於廈門妙釋寺）

如來降伏魔軍地神出現

六臂觀世音

弘一師詩詞歌詞集　豐子愷

詩詞作品

清平樂——贈許幻園

城南小住。
情適閒居賦。
文采風流合傾慕。
閉戶著書自足。
陽春常駐山家。
金樽酒進胡麻。
籬畔菊花未老，
嶺頭又放梅花。

和宋貞題城南草圖原韻

門外風花各自春，空中樓閣畫中身。
而今得結煙霞侶，休管人生幻與真。

庚子初夏，余寄居草堂，得與幻園趁夕聚首。
曩幻園於丁酉冬，作二十歲自述詩，
張蒲友孝謙為題詞云：
無真非幻，無幻非真。可謂深知幻園者矣。李成蹊。

△弘一法師繪羅漢圖

李叔同鮮經

老少年曲

梧桐樹，西風黃葉飄，夕日疏林杪。

花事匆匆，零落憑誰弔。

朱顏鏡裡凋，白髮愁邊繞。

一霎光陰底是催人老，有千金也難買韶華好。

戲贈蔡小香四絕

眉間愁語燭邊情，素手摻摻一握盈。

豔福者般真羨煞，侍人個個喚先生。

雲鬟蓬鬆粉薄施，看來西子捧心時。

△弘一法師繪畫作品《孤山行宮》（水彩）

自從一病懨懨後，瘦了春山幾道眉。
輕減腰圍比柳姿，劉楨平視故遲遲。
佯羞半吐丁香舌，一段濃芳是口脂。
願將天上長生藥，醫盡人間短命花。
自是中郎精妙術，大名傳遍滬江涯。

重遊小蘭亭口占

重游小蘭亭，風景依稀，心緒殊惡，
口占二十八字題壁，時九月望一日也。

△豐子愷手書弘一法師詩詞〈重游小蘭亭〉

李叔同解經

一夜西風蓊地寒，吹將黃葉上欄干。

春來秋去忙如許，未到晨鐘夢已闌。

南浦月

（將北行矣，留別海上同人）

楊柳無情，絲絲化作愁千縷。

惺忪如許，縈起心頭緒。

誰道銷魂，盡是無憑據。

離亭外，一帆風雨，只有人歸去。

△豐子愷手書弘一法師詩詞〈南浦月〉

夜泊塘沽

杜宇聲聲歸去好，天涯何處無芳草。
春來春去奈愁何，流光一霎催人老。
新鬼故鬼鳴喧嘩，野火燐燐樹影遮。
月似解人離別苦，清光減作一鉤斜。

△弘一法師繪畫作品《採果園》（油畫）

滑稽傳題詞四絕

斗酒亦醉石亦醉，到心惟作平等觀。

此中消息有盈朒，春夢一覺秋風寒。（淳于髡）

中原一士多奇姿，縱橫宇合卑莎維。

人言畢肖在鬚眉，茫茫心事疇誰知。（優孟）

嬰武伺人工趣語，杜鵑望帝淒春心。

太平歌舞且拋卻，來向神州愾陸沈。（優旃）

南山豆苗肥復肥，北山猿鶴飛復飛。

我欲蹈海乘風歸，瓊樓高處斜陽微。（東方朔）

△豐子愷手書弘一法師詩詞〈滑稽傳題詞〉

喝火令

故國鳴鶗鴂，垂楊有暮鴉。

江山如畫日西斜。

新月撩人透入碧窗紗。

陌上青青草，樓頭豔豔花。

洛陽兒女學琵琶。

不管冬青一樹屬誰家，

不管冬青樹底影事一些些。

《喝火令》哀國民之心死也。今年（丙午）在津門作。

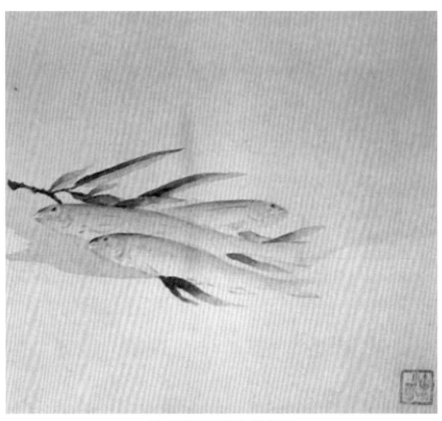

△弘一法師繪畫作品《柳葉・魚》（水彩）

金縷曲

（將之日本，留別祖國，並呈同學諸子）

　　披髮佯狂走。莽天涯，暮鴉啼徹，幾枝衰柳。破碎河山誰收拾，零落西風依舊，便惹得離人消瘦。行矣臨流重太息，說相思，刻骨雙紅豆。愁黯黯，濃於酒。漾情不斷淞波溜。恨年來，絮飄萍泊，遮難回首。二十文章驚海內，畢竟空談何有？聽匣底蒼龍狂吼。長夜淒風眠不得，度群生那惜心肝剖？是祖國，忍孤負！

△豐子愷手書弘一法師詩詞〈金縷曲〉

遇風愁不成寐

（到津次夜，大風怒吼，金鐵皆鳴，愁不成寐。）

世界魚龍混，天心何不平？
豈因時事感，偏作怒號聲。
燭盡難尋夢，春寒況五更。
馬嘶殘月墜，笳鼓萬軍營。

△豐子愷手書弘一法師詩詞〈春風〉

李叔同解經

醉時

醉時歌哭醒時迷，甚矣吾衰慨鳳兮。
帝子祠前芳草綠，天津橋上杜鵑啼。
空梁落月窺華髮，無主行人唱大堤。
夢裡家山渺何處，沉沉風雨暮天西。

△弘一法師繪畫作品《山間即景》（水彩）

感時

杜宇啼殘故國愁，虛名況敢望千秋。
男兒若論收場好，不是將軍也斷頭。

春風

春風幾日落紅堆，明鏡明朝白髮摧。
一顆頭顱一杯酒，南山猿鶴北山萊。
秋孃顏色嬌欲語，小雅文章淒以哀。
昨夜夢游王母國，夕陽如血染樓臺。

△豐子愷手書弘一法師詩詞〈初夢〉

津門清明

一杯濁酒過清明，觸斷樽前百感生。
辜負江南好風景，杏花時節在邊城。

昨夜

昨夜星辰人倚樓，中原咫尺山河浮。
沉沉萬綠寂不語，梨華一枝紅小秋。

△豐子愷手書弘一法師詩詞〈簾衣〉

贈津中同人

千秋功罪公評在，我本紅羊劫外身。
自分聰明原有限，羞將事後論旁人。

初夢

雞犬無聲天地死，風景不殊山河非。
妙蓮華開大尺五，彌勒松高腰十圍。
恩仇恩仇若相忘，翠羽明珠繡裲襠。
隔斷紅塵三萬里，先生自號水仙王。

西江月——宿塘沽旅館

殘漏驚人夢裡，孤燈對景成雙。
前塵涉渺渺風思量，祇道人歸是謊。
　誰說春宵苦短，算來竟比年長。
海風吹起夜潮狂，怎把新愁吹漲？

簾衣

簾衣一桁晚風輕，豔豔銀燈到眼明。
薄倖吳兒心木石，紅衫孃子喚花名。
秋于涼雨燕支瘦。春入離弦斷續聲。
後日相思渺何許，芙蓉開老石家城。

登輪感賦

感慨滄桑變，天邊極目時。
晚帆輕似箭，落日大如箕。
風倦旌旗走，野平車馬馳。
河山悲故國，不禁淚雙垂。

△弘一法師繪羅漢圖

李叔同解經

輪中枕上聞歌口占①

子夜新聲碧玉環，可憐腸斷念家山。
勸君莫把愁顏破，西望長安人未還。

為滬學會撰《文野婚姻新戲》，冊既竟，系之以詩②

床第之餘健得耻，為氣任俠有廳女。
鼠子膽裂國魂號，斷頭臺上血花紫。
東鄰有兒背佝僂，西鄰有女猶含羞。
螻蛄寧識春與秋，金蓮鞋子玉搔頭。
河南河北間桃李，點點落紅已盈咫。
自由花開八千春，是真自由能不死。
誓度眾生成佛果，為現歌台說法身。
孟游不作吾道絕，中原滾地皆胡塵。

《茶花女遺事》演後感賦

東鄰有兒背佝僂，西鄰有女猶含羞。
螻蛄寧識春與秋，金蓮鞋子玉搔頭。
誓度眾生成佛果，為現歌台說法身。
孟游不作吾道絕，中原滾地皆胡塵。

書憤③

文采風流上座傾，眼中豎子遂成名！
某山某水留奇跡，一草一花是愛根。
休矣著書俟赤鳥，悄然揮扇避青蠅。
眾生何用干霄哭，隱隱朝廷有笑聲。

滿江紅

（民國肇造，填滿江紅志感）

皎皎崑崙，山頂月，有人長嘯。看囊底，寶刀如雪，恩仇多少。雙手裂開鼷鼠膽，寸金鑄出民權腦。算此生，不負是男兒，頭顱好。荊軻墓，咸陽道；聶政死，屍骸暴。盡大江東去，餘情還繞。魂魄化成精衛鳥，血華濺作紅心草。看從今、一擔好山河，英雄造。

南南曲——贈黃二南君④

在昔佛菩薩，趺坐赴蓮池。始則捻花笑，繼則南南而有辭。南南梵唄不可辨，分身應化天人師。或現比丘，或現沙彌，或現優婆塞，或現優婆夷，或現丈夫、女子、宰官諸像為說法，一一隨意隨化皆天機。以之度眾生，非結貪嗔癡。色相聲音空不染，法語南南盡皈依。春江花月媚，舞臺裝演奇。偶遇南南君，南南是也非？聽南南，南南詠昌霓；見南南、舞折枝，南南不知之，我佛行深般若波羅蜜多時。

詠菊

姹紫嫣紅不耐霜，繁華一霎過韶光。
生來未藉東風力，老去能添晚節香。
風裡柔條頻損綠，花中正色自含黃。
莫言冷淡無知己，曾有淵明為舉觴。

題丁慕琴繪黛玉葬花圖二絕⑤

收拾殘紅意自勤，攜鋤替築百花墳。
玉鉤斜畔隋家塚，一樣千秋冷夕曛。
飄零何事怨春歸，九十韶光花自飛。
寄語芳魂莫惆悵，美人香草好相依。

△弘一法師繪羅漢圖

李叔同解經

△弘一法師繪畫作品《水鄉小景》（水彩）

題夢仙花卉橫幅

　　夢仙大姊，幼學於王韜園先輩，能文章詩詞。又就靈鶼京卿學，畫宗七薌家法，而能得其神韻，時人以出藍譽之。是畫作於庚子九月，時余方奉母城南草堂。花晨月夕，母輒招大姊說詩評畫，引以為樂。大姊多病，母為治藥餌，視之如己出。壬寅荷華生日，大姊逝；越三年乙巳，母亦棄養。余乃亡命海外，放浪無賴。回憶曩日，家庭之樂，唱和之雅，恍惚殆若隔世矣。今歲幻園姻兄示此幅，索為題辭。余恫逝者之不作，悲生人之多艱。聊賦短什，以志哀思。

　　人生如夢耳，哀樂到心頭。灑剩兩行淚，吟成一夕秋。慈雲渺天末，明月下南樓（今春過城南草堂舊址，樓臺楊柳，大半荒蕪矣）。壽世無長物，丹青片羽留。

——甲寅秋七月，李息，時客錢塘。

玉連環影——為夏丏尊題小梅花屋圖⑥

　　屋老。一樹梅花小。
　　住個詩人，添個新詩料。
　　愛清閒，愛天然；
　　城外西湖，湖上有青山。

——甲寅立春節，息翁。

貽王海帆先生

　　孤山歸寓，成小詩書扇，貽王海帆先生。

　　文字聯交誼，相逢有宿緣（前年五月，南社同人雅集湖上，始識先生）。社盟稱後學（先生長余三十二歲），科第亦同年（歲壬寅，余與先生同應浙江鄉試，先生及第）。撫碣傷禾黍（今歲余侍先生游孤山，先生撫古墓碑，視皇清二字

△弘一法師繪羅漢圖

李叔同解經

△弘一法師繪畫作品《河畔村落》（水彩）

未磨滅，感喟久之），怡情醉管弦（孤山歸來，顧曲於湖上歌台）。西湖風月好，不慕赤松仙（近來余視見世為樂土，先生亦贊此說）。

題陳師曾荷花小幅

師曾畫荷花，昔藏余家。癸丑之秋，以貽聽泉先生同學。今再展玩，為綴小詞。時余將入山坐禪，慧業云云，以美荷花，亦以是自勗也。丙辰寒露。一花一葉，孤芳致潔。昏波不染，成就慧業。

秋　柳

甚西風吹綠隋堤衰柳，江山依舊。只風景依稀淒涼時候。零星舊夢半沉浮，說閱盡興亡，遮難回首。昔日珠簾錦幄，有淡煙一抹，纖月盈鈎。剩水殘山故國秋。知否？眼底離離麥秀。說甚無情，情絲跼到心頭。杜鵑啼血哭神州，海棠有淚傷秋瘦。深愁淺愁難消受，誰家庭院笙歌又。

注釋

①自〈清平樂〉、〈戲贈蔡小香〉、〈南浦月〉、〈到津大風愁不成寐〉，至〈輪中枕上聞歌口占〉十餘首，除〈南浦月〉及〈到津大風愁不成寐〉一詞一詩曾一度發表外，其餘載於許幻園《城南筆記》及李成蹊《辛丑北征淚墨》，均為讀者所未曾見。

②以上四首，發表於清末留日學生高天梅所編的《醒獅》雜誌某期「文藝」欄，是大師留學日本前為上海「滬學會」所撰《文野婚姻新戲》後寫的詩，署名為「惜霜」。後在東京演茶花女編後的「感賦」，是重錄其中的二首。

△弘一法師繪羅漢圖

李叔同解經

③梁啟超《飲冰室詩話》一一四節載：

「新民社校對房一敝篋，忽有題七律五章於其上者，塗抹狼藉，不能全認識，更不知誰氏作也，中殊有俳語。」（曾引此詩後四名）新民社在橫濱出版《新民叢報》，發表《飲冰室詩話》的時候，李叔同正在日本留學。據一九〇六年十月四日，日本《國民新聞》記者訪問李哀的記事，李叔同和當時日本有名漢詩人如槐南（森大來）、石埭（永阪周）、鳴鶴（日下部東作），種竹（本田幸）等，都有往來。只因他當時不大出名，所以他寫的詩，便被擱在校對房了。

④這一首〈南南詞〉，是李叔同東京美術學校同學，曾參加春柳社公演《黑奴籲天錄》，扮演海雷的黃二難（原名輔周），回國後改名黃二南，回憶一九一二年李叔同發表於《太平洋報》上贈他的歌詞。因為歌詞全憑記憶誦出，未核對《太平洋報》，內容恐略有出入。

△弘一法師繪畫作品《水鄉》（水彩）

⑤以上三詩，曾發表於《太平洋報畫刊》，三十年前轉載於上海《覺訊》月刊。據天行居士介紹說：「弘一法師李叔同，未出家前，聲滿藝壇，詩書畫均工，尤長於音樂。所作詩文甚夥，惜均隨手散棄。今所存者，十不及一。予於曩年曾在《太平洋報》中見其詩數首，均為集中所未愜，殊可珍也。」

⑥據《弘一大師年譜》一九一四年條，引夏丏尊先生對此〈玉連環影〉的說明：「民初余僦居杭城，庭有梅樹一株，因名之曰『小梅花屋』。陳師曾君為作圖，一時朋友多有題詠。圖經變亂已遺失，此小詞猶能記憶，亟為錄存於此。丏尊記。」近見一九七九年，《人民日報》文藝部編輯的《戰地》第六期，曾刊上夏滿子（夏丏尊之女）的《小梅花屋圖及其他》一文，知道此圖尚在人間，而且保留了夏丏尊先生當時所填的一闋〈金縷曲·自題小梅花屋圖〉，爰錄如下：「已倦吹簫矣。走江湖，饑來驅我，嗒傷吳市。租屋三間如艇小，安頓妻孥而已。笑落魄，萍蹤如寄。竹屋紙窗清欲絕，有梅花、慰我荒涼意。自領略，枯寒味。此生但得三弓地，築蝸居，梅花不種，也堪貧死。湖上青山青到眼，搖盪煙光眉際。只不是、家鄉山水。百事輸人華髮改，快商量，別作收場計。何鬱鬱，久居此！」作者認為〈玉連環影〉小令，只寥寥數句，倒是寫實。

△弘一法師繪羅漢圖

李叔同解經

弘一法師詩歌匯輯

1.〈送別〉

詞：李叔同 曲：約翰・P・奧德威

　　長亭外，古道邊，芳草碧連天，晚風拂柳笛聲殘，夕陽山外山。天之涯，地之角，知交半零落。一壺濁酒盡餘歡，今宵別夢寒。 長亭外，古道邊，芳草碧連天。晚風拂柳笛聲殘，夕陽山外山。

2.〈三寶歌〉

詞：釋太虛 曲：釋弘一

　　人天長夜，宇宙黮闇，誰啟以光明？三界火宅，眾苦煎逼，誰濟以安寧？大悲大智大雄力，南無佛陀耶！佛陀耶！昭朗萬有，衽席群生，功德莫能名。今乃知，唯此是，真正皈依處。盡形壽，獻身命，信受勤奉行！

　　二諦總持，三學增上，恢恢法界身；淨德既圓，染患斯寂，蕩蕩涅槃城！眾緣性空唯識現，南無達摩耶！達摩耶！理無不彰，蔽無不解，煥乎其大明。今乃知：唯此是，真正皈依處。盡形壽，獻身命，信受勤奉行！

　　依淨律儀，成妙和合，靈山遺芳型；修行證果，弘法利世，焰續佛燈明，三乘聖賢何濟濟！南無僧伽耶！僧伽耶！統理大眾，一切無礙，住持正法城。今乃知：唯此是，真正皈依處。盡形壽，獻身命，信受勤奉行！

3.〈憶兒時〉

詞：李叔同 曲：威廉‧S‧海斯

　　春秋來，歲月如流，遊子傷飄泊。回憶兒時，家居嬉戲，光景宛如昨。茅屋三椽，老梅一樹，樹底迷藏捉。高枝啼鳴，小川游魚，曾把閒情。兒時歡樂，斯樂不可作。兒時歡樂，斯樂不可作。

4.〈春遊〉

詞曲：李叔同

　　春風吹面薄於紗，春人妝束淡於畫。遊春人在畫中行，萬花飛舞春人下。梨花淡白菜花黃。柳花委地芥花香。鶯啼陌上人歸去，花外疏鐘送夕陽。

△弘一法師繪畫作品《蔬果園》（水彩）

李叔同說經

5. 〈採蓮〉

詞：李叔同

採蓮復採蓮，蓮花蓮葉何蹁躚，露華如珠月如水，十五十六清光圓。採蓮復採蓮，蓮花蓮葉何蹁躚。

6. 〈夢〉

詞：李叔同　　曲：斯蒂芬・C・福斯特

哀遊子煢煢其無依兮，在天之涯。惟長夜漫漫而獨寐兮，時恍惚以魂馳。夢偃臥搖籃以啼笑兮，似嬰兒時。母食我甘酪與粉餌兮，父衣我以彩衣。月落烏啼，夢影依稀，往事知不知？泊半生哀樂之長逝兮。感親之恩其永垂。

哀遊子愴愴而自憐兮，弔形影悲。惟長夜漫漫而獨寐兮，時恍惚以魂馳。夢揮淚出門辭父母兮，嘆生別離。父語我眠食宜珍重兮，母語我以早歸。日落烏啼，夢影依稀，往事知不知？泊半生哀樂之長逝兮，感親之恩其永垂。

7. 〈清涼〉

詞：釋弘一　　曲：俞紱堂

清涼月，月到天心光明殊皎潔。今唱清涼歌，心地光明一笑呵！清涼風，涼風解慍暑氣已無蹤。今唱清涼歌，熱惱消除萬物和！清涼水，清水一渠滌蕩諸污穢。今唱清涼歌，身心無垢樂如何！清涼！清涼！無上究竟真常！

8.〈山色〉

詞：釋弘一　曲：潘佰英

　　近觀山色蒼然青，其色如藍。遠觀山色鬱然翠，如藍成靛，山色非變。山色如故，目力有長短，自近漸遠，易青為翠，自遠漸近，易翠為青，時常更換。是由緣會，幻相現前，非唯翠幻，而青亦幻，是幻，是幻，萬法皆然。

9.〈花香〉

詞：釋弘一　曲：徐希一

　　庭中百合花開，晝有香、香淡如，入夜來，香乃烈。鼻觀是一，何以晝夜濃淡有殊別？白晝眾喧動，紛紛俗務縈。目視色，耳聽聲，鼻觀之力分於耳目喪其靈。心清聞妙香。用志不分，乃凝於神，古訓好參詳。

△弘一法師繪畫作品《湖邊庭園》（水彩）

10. 〈世夢〉

詞：釋弘一　曲：唐學詠

　　卻來觀世間，猶如夢中事，人生自少而壯，自壯而老，自老而死，俄入胞胎，俄出胞胎，又入又出無窮已，生不知來，死不知去，濛濛然，冥冥然，千生萬劫不自知，非真夢歟？枕上片時春夢中，行盡江南數千里。今貪名利，梯出航海，豈必枕上爾！莊生夢蝴蝶，孔子夢周公，夢時固是夢，醒時何非夢？曠大劫來，一時一刻皆夢中。破盡無明，大覺能仁，如是乃為夢醒漢！如是乃名無上尊！

11. 〈秋柳〉

編曲填詞：李叔同

　　堤邊柳，到秋天，葉亂飄；葉落盡，只剩得，細枝條。想當日，綠蔭蔭，春光好；今日裡，冷清清，秋色老。風淒淒，雨淒淒，君不見，眼前景，已全非？眼前景，已全非，一思量，一回首，不勝悲。

12. 〈歸燕〉

詞曲：李叔同

　　幾日東風過寒食，秋來花事已闌珊。疏林寂寂雙燕飛，低徊軟語語呢喃。呢喃，呢喃，呢喃，呢喃，雕梁春去夢如煙。綠蕪庭院罷歌弦，烏衣門巷捐秋扇。樹杪斜陽淡欲眠，天涯芳草離亭晚。不如歸去歸故山，故山隱約蒼漫漫。呢喃，呢喃，呢喃，呢喃，不如歸去歸故山。

國家圖書館預行編目資料

李叔同解經 / 李叔同、太虛法師作。行痴 注。—
初版。—臺北縣新店市：八方出版，2007.09
　　面；　　公分。---
　　ISBN　978-986-7024-47-3（平裝）

　1. 佛教說法

　225.4　　　　　　　　　　　　96015475

Why29
李叔同解經

作者 / 李叔同、太虛法師
注者 / 行痴
主編 / 王雅卿
責任編輯 / 鍾惠萍
美術編輯 / 菩薩蠻電腦科技排版公司

發行所 / 八方出版股份有限公司
地　　址 / 臺灣台北縣231新店市寶橋路235巷6弄6號4樓
電　　話 / (02)2910-7770　　　傳　真 / (02)2910-9573
E-mail / bafun.books@msa.hinet.net
郵政劃撥 / 19809050　　　　戶　名 / 八方出版股份有限公司

總經銷 / 農學股份有限公司
地　　址 / 臺灣台北縣231新店市寶橋路235巷6弄6號2樓
電　　話 / (02)2910-7770　　　傳　真 / (02)2910-9573

港澳地區總經銷 / 豐達出版發行有限公司
電　　話 / (852)2172-6513　　　傳　真 / (852)2172-4355
E-mail / cary@subeseasy.com.hk
地　　址 / 香港柴灣永泰道70號柴灣工業城第二期1805室

定　價 / 新台幣280元
ISBN / 978-986-7024-47-3
初版一刷　2007年11月

八方出版
Ba fuN Publishing,co.Ltd.　讀友卡

台灣・台北縣新店市寶橋路235巷6弄6號4樓
讀者服務專線：（02）2910-7770
讀者服務傳真：（02）2910-9573
郵政劃撥帳號：19809050　八方出版股份有限公司
email:bafun.books@msa.hinet.net

請沿此線對折後黏貼裝訂直接投郵寄回（免貼郵票）

請沿虛線剪下

感謝你閱讀八方出版的書籍，
寄回這張讀友卡（免貼郵票），
我們將不定期寄贈最新出版訊息。

編號：Why 29	書名：李叔同解經
姓名：	性別：＿＿＿ 1. 男　2. 女
出生日期：　　年　　月　　日	連絡電話：

＿＿＿＿教育程度：1.小學 2.國中 3.高中 4.大專（學）5.研究所（含以上）

＿＿＿＿職　　業：1.學生 2.公務（含軍警）3.家管 4.服務 5.金融 6.製造

　　　　　　　　7.資訊 8.大眾傳播 9.自由業 10.農漁牧 11.退休 12.其他

通訊地址：□□□＿＿＿＿縣（市）＿＿＿＿鄉鎮區＿＿＿村＿＿＿里＿＿＿鄰

　　　　　＿＿＿＿路（街）＿＿＿＿段＿＿＿巷＿＿＿弄＿＿＿號＿＿＿樓

email address：

【下列資料請以數字填在每題前之空格處】

＿＿＿＿ 購書地點／1.書店 2.書展 3.書報攤 4.郵購　5.網路 6.直銷7.贈閱 8.其他

＿＿＿＿ 您從那裡得知本書／

　　　　1.逛書店 2.報紙專欄 3.雜誌廣告 4.網路 5.親友介紹 6.廣告傳單 7.其他

＿＿＿＿ 您對本書的意見／

＿＿＿＿ 內容／1.滿意　2.尚可　3.應改進

＿＿＿＿ 編輯／1.滿意　2.尚可　3.應改進

＿＿＿＿ 封面設計／1.滿意　2.尚可　3.應改進

＿＿＿＿ 校對／1.滿意　2.尚可　3.應改進

＿＿＿＿ 定價／1.偏低　2.適中　3.偏高

您的建議／＿＿＿＿＿＿＿＿＿＿＿＿＿＿＿＿＿＿＿＿＿＿＿＿＿＿

　　　　　＿＿＿＿＿＿＿＿＿＿＿＿＿＿＿＿＿＿＿＿＿＿＿＿＿＿

　　　　　＿＿＿＿＿＿＿＿＿＿＿＿＿＿＿＿＿＿＿＿＿＿＿＿＿＿

　　　　　＿＿＿＿＿＿＿＿＿＿＿＿＿＿＿＿＿＿＿＿＿＿＿＿＿＿

般若波羅蜜多心經

【唐】三藏法師 玄奘 譯

弘一大師 李叔同 手書

般若波羅蜜多心經

觀自在菩薩行深般若波
羅蜜多時照見五蘊皆空
度一切苦厄舍利子色不
異空空不異色色即是空
空即是色受想行識亦復
如是舍利子是諸法空相
不生不滅不垢不淨不增
不減是故空中無色無受
想行識無眼耳鼻舌身意
無色聲香味觸法無眼界
乃至無意識界無無明亦
無無明盡乃至無老死亦
無老死盡無苦集滅道無

般若波羅蜜多心經

《般若波羅蜜多心經》是佛教經論中文字最為簡煉，義理最為豐富的一部典籍。《心經》為六百卷《大般若經》的精華，包括大乘、和小乘佛法的思想結晶。讀通《心經》，就等於讀完六百卷的《大般若經》。《心經》傳到中國的譯本前後有七種，其中千餘年來流傳最廣的，就是本書所選、唐朝玄奘法師翻譯的《般若波羅蜜多心經》。

這一幅《心經》字帖為傳奇人物弘一大師李叔同的墨寶真跡。他將中國古代的書法藝術推向了極致，「他拙圓滿，渾若天成」，許多當代文化名人以得到大師一幅字為無上榮耀，極具典藏價值。

「一字千金，值得所有人慢慢閱讀、慢慢體味，用一生的時間靜靜領悟。」

——梁實秋、林語堂

智亦無得以無所得故菩
提薩埵依般若波羅蜜多
故心無罣礙無罣礙故無
有恐怖遠離顛倒夢想究
竟涅槃三世諸佛依般若
波羅蜜多故得阿耨多羅
三藐三菩提故知般若波
羅蜜多是大神咒是大明
咒是無上咒是無等等咒
能除一切苦真實不虛故
說般若波羅蜜多咒即說
咒曰揭諦揭諦波羅揭諦
波羅僧揭諦菩提薩婆訶

歲次癸巳年孟冬之吉謝世英寫心經一卷
□□有盛信士女養者榮耀院沙門善宿□